모방이 답이다!

가장 좋은 영어 학습 전략

베껴 쓰기로 시작하는 영어

베껴 쓰기로 시작하는 영어

인쇄일 2015년 12월 15일
발행일 2015년 12월 20일

저　자 유지훈
발 행 인 윤우상
총　괄 윤병호
책임편집 최준명
북디자인 Design Didot 디자인디도
발 행 처 송산출판사
주　소 서울특별시 서대문구 통일로32길 14 (홍제 2동)
전　화 (02) 735-6189
팩　스 (02) 737-2260
홈페이지 http://www.songsanpub.co.kr
등록일자 1976년 2월 2일. 제 9-40호

ISBN 978-89-7780-228-5 13740

모방이 답이다!

가장 좋은 영어 학습 전략

베껴 쓰기로 시작하는 영어

유지훈 지음

송산출판사

머리말

알다시피, 조지 루카스 감독과 영화음악의 거장인 존 윌리엄스가 완성한 「스타워즈」는 1977년에 첫선을 보였다. 그런데 이 작품이 1편이 아니라 4편(새로운 희망)이었다는 사실을 아는가? 「스타워즈」는 "영화란 모름지기 1편부터 제작해야 한다"는 고정관념을 타파했을 뿐 아니라 요즘 대세인 "프리퀄prequel의 아버지"라는 타이틀을 루카스에게 선사한 작품이기도 했다. 그렇다면 4편부터 제작하려 했던 그의 생각은 탁견이었을까? 꼭 그렇다고 볼 수는 없다. 1990년대 후반부터 급격히 발달한 CG 기술을 예측하지 못한 까닭에 기존의 트릴로지(3부작)는 1, 2, 3편에 비해 이질감이 클 수밖에 없었다. 이를테면, 4, 5, 6편은 소박한 데 비해 1, 2, 3편은 대단히 현란했기에 프리퀄인지 속편인지 분간이 가지 않을 정도였다. 한마디로 연결이 되지 않는 불상사가 생기고 만 것이다.

뜬금없이 영화 이야기를 꺼낸 까닭은 "베껴쓰기 영어" 시리즈도 루카스의 전철을 밟았기 때문이다. 베껴쓰기 시리즈의 원조는 『베껴쓰기로 끝내는 영어』였지만 그것이 '1편'은 아니었다. 시리즈 중 가장 난이도가 높아, 고급 문장을 쓰고 싶어 하는 독자가 찾을 만한 책이라고 보면 된다.

『베껴쓰기로 끝내는 영어』는 어렵긴 해도 리디북스(베껴쓰기로 끝내는 영작문)에서는 외국어 부문 2위(종합 18위)까지 올라가는 기염을 토하는가 하면, 교보문고에서는 영작문 부문 1위에 안착한 바 있다. 이는 베껴쓰기의 효능을 일찌감치 알고 있는 독자가 상당히 많았다는 방증으로 풀이된다.

우선 기초(베껴쓰기로 시작하는 영어)는 문장의 원리와 어법을 중심으로 집필했고 베껴쓰기 원문은 VOA(Voice of America) Special English를 차용키로 했다. VOA 중에서 외국인을 대상으로 게재된 기사인 만큼 재미도 있고 문장 구조가 크게 어렵지 않아 초급 독자에게는 안성맞춤이라 생각한다. 문장을 쓸 줄 알아야 짜임새 있는 글이 나오지 않겠는가?

우리글을 잘 쓰고 싶다면 언어영역 교재로 공부하면 많은 도움이 될 것이다. 문법이나 어휘 문제도 풀어보라. 고3 국어와 영어 교과서나 EBS 학습서는 생각보다 수준이 꽤 높다.

끝으로, 베껴쓰기 원문은 가급적이면 암기할 때까지 베끼는 것이 바람직하다. 한글 번역만 보고도 줄줄 쓸 수 있을 때까지 베껴쓴다면 그 표현과 어구와 구조가 체화되어 원어민의 실력까지 끌어올릴 수 있을 것이다. 베껴쓰기나 영어에 관련된 문의사항은 저자의 홈페이지인 http://cafe.naver.com/yoojihoon에 올리기 바란다. 모쪼록 "영어"의 달인이 나오기를 간절히 기원하며, 원고를 멋진 책으로 승화시켜주신 송산출판사 관계자와 북디자이너에게 감사의 마음을 전한다.

2015년 10월

유지훈

차례

1부

영어의 기본구조

2부

문법노트

P·A·R·T

1

영어의 기본구조

01장 영작은 번역이 아니다

글을 잘 쓰고 싶다면? 좋은 글을 베껴쓰는 것이 가장 좋은 방법이다. 영어도 '단언컨대' 베껴쓰기다. 비록 영작문 책은 많지만 죄다 천편일률적인데다 명실상부한 영작 실력을 끌어올려주는 책은 거의 없는 것 같다. 필자의 소견으로는 영작문이라기보다는 '한영번역 노하우'에 가까운 책이 '영작문'의 탈을 쓰고 서점을 활보하고 있기 때문이다. 시중에 유통되는 책을 보라. 문법이나 어법(어순) 설명과 함께 우리글을 써주고 나서 이를 영어로 옮기는 식이 아니던가?

영작과 번역은 개념이 다르다. 번역을 잘 한다고 해서 글을 잘 쓸 수 있다는 보장은 없다. 글을 짜임새 있게 쓰고 싶다면 짜임새 있는 글을 처음부터 끝까지 베껴 쓰되 지문을 안 보고 술술 쓸 수 있을 수준이 된다면 표현과 어순 및 구조가 몸에 배어 작문에 자신감도 붙고 세련된 글을 창작할 수도 있게 될 것이다.

영작 학습은 패러다임이 달라져야 한다. 연역에서 귀납적인 방식으로 전환해야 영작다운 영작이 나올 수 있으리라 확신한다. 원문을 관찰해가며 관사나 전치사 및 동사의 쓰임새에 주의를 기울이면서 본문을 완전히 소화한 다음 베껴쓰기를 통해 문장을 내 것으로 만든다면 원어민도 감탄할 만큼 실력이 일취월장 향상될 것이다.

I have been a victim of bullying in a PTA group.
나는 PTA 그룹에서 폭력의 피해자였던 적이 있다.

위 문장을 초보자가 베껴 쓰며 외운다고 치자. 문법지식이 깊지 않다면 의문점이 더러 있을 것이다. 이를테면, have been은 무엇이며, of 다음에 bullying을 쓴 까닭은 무엇이며, PTA group 앞에 a가 붙은 이유를 비롯하여 in의 쓰임새는 무엇인지 궁금해질 것이다.

몇 가지 의문점은 필자와 함께 해결해나가기로 하고 나머지는 권말 부록(문법노트)에 설명해두었으니 이를 참조하면 궁금증은 시원스레 풀릴 것이다. 문법에 관련된 궁금증이 해소되지 않은 상태에서 무작정 외워 쓴다고 실력이 향상되진 않는다. 이를 두고는 두 가지 방법을 권한다. 부록에 실린 문법을 모두 공부한 다음에 본격적으로 원문을 베껴도 되고 문장을 직접 쓰면서 그때그때 필요한 문법을 공부해도 무방하다. 본인에게 맞는 학습법을 선택하기 바란다.

베껴쓰기

❶ I have been a victim of bullying in a PTA group.

나는 PTA 그룹에서 폭력의 피해자였던 적이 있다. (PTA 학부모 · 교사연합 / a victim of ~의 희생자 / bully 괴롭히다)

❷ It is not just a problem for teenagers.

이는 십대만의 문제가 아니다. (just 단지 / problem 문제 / teenagers 십대들)

❸ Adults also engage in bullying activities but it is usually verbal abuse by spreading lies to ruin your reputation or isolate the victim from the rest of the group.

성인들도 폭행에 가담하고 있는데 대개는 명예를 훼손하거나 피해자를 '왕따'시키기 위해 허위 사실을 유포함으로써 언어폭력을 일삼는 경우가 비일비재하다. (engage in 가담하다 / adult 성인 / activities 활동(복수) / usually 대체로 / verbal abuse 언어폭력(욕설) / by ~ing ~함으로써 / spread 유포하다 / ruin 망치다 / reputation 명예 / isolate 격리시키다 / rest 나머지)

❹ Since we are the role model of the next generation, our behavior will shape the future society.

우리는 차세대의 역할 모델이기 때문에 우리의 처신이 미래 사회를 조성해나갈 것이다. (since ~이기 때문에 / role model 롤모델 / generation 세대 / behavior 행동 / shape 조성하다 / society 사회)

외워쓰기

❶ 나는 PTA 그룹에서 폭력의 피해자였던 적이 있다.

❷ 이는 십대만의 문제가 아니다.

❸ 성인들도 폭행에 가담하고 있는데 대개는 명예를 훼손하거나 피해자를 '왕따'시키기 위해 허위 사실을 유포함으로써 언어폭력을 일삼는 경우가 비일비재하다.

❹ 우리는 차세대의 역할 모델이기 때문에 우리의 처신이 미래 사회를 조성해나갈 것이다.

02장 기본 뼈대

영어 문장이란 **뼈대에 살을 붙인 것**이라고 보면 얼추 맞다. 문장을 결정하는 데 가장 중요한 요소는 단연 동사다. 어떤 동사를 쓰느냐에 따라 그 다음에 나올 명사나 형용사 혹은 부사가 결정된다. 앞서 베낀 문장을 다시금 살펴보면서 뼈대가 무엇인지 가려보자.

1. I have been a victim ~~of bullying in a PTA group~~.

나는 PTA 그룹에서 폭력의 피해자였던 적이 있다.

2. It is not ~~just~~ a problem ~~for teenagers~~.

이는 십대만의 문제가 아니다.

3. Adults ~~also~~ engage ~~in bullying activities~~ / ~~but~~ it is ~~usually~~ verbal abuse ~~by spreading lies to ruin your reputation or isolate the victim from the rest of the group~~.

성인들도 폭행에 가담하고 있는데 대개는 명예를 훼손하거나 피해자를 '왕따'시키기 위해 허위 사실을 유포함으로써 언어폭력을 일삼는 경우가 비일비재하다.

4. ~~Since~~ we are the role model ~~of the next generation~~, our behavior ~~will~~ shape the future society.

우리는 차세대의 역할 모델이기 때문에 우리의 처신이 미래 사회를 조성해나갈 것이다.

위 예문에서 무엇이 뼈대가 되는지 주목해보자. 살은 다 제거하고 뼈대만 관찰하면서 뼈를 파악할 수 있는 감각을 키우기 바란다. 이를 열거하자면 아래와 같다.

1. I have been a victim.

나는 피해자였던 적이 있다.

2. It is not a problem.

이는 십대의 문제가 아니다.

3. Adults **engage** / it is verbal abuse.

성인들은 가담한다 / 그것은 언어폭력이다.

4. we **are** the role model / our behavior **shape** the future society.

우리는 차세대의 역할 모델이다 / 우리의 행동이 미래 사회를 조성해나간다.

have been(pp)와 of 및 will에 대해서는 **시제편**과 **문법노트**에서 정리한 것을 참조하기 바란다. 우선 3, 4에 정신을 집중해보자.

3. Adults engage / it is verbal abuse.

성인들은 가담한다 / 그것은 언어폭력이다.

4. we are the role model / our behavior shape the future society.

우리는 차세대의 역할 모델이다 / 우리의 행동이 미래 사회를 조성해나간다.

앞서 언급한 바와 같이, 문장에서 가장 중요한 부분은 동사라고 했다. **한 문장에 동사는 하나만 쓰는 것이 원칙**인데, 3과 4는 문장이 하나임에도 동사는 둘을 썼다(대문자로 시작해서 마침표로 끝나면 무조건 한 문장이다).
이처럼 문장 하나에 동사가 둘이 있다는 것은 접속사가 있다는 방증이다(문법노트 접속사 편을 참조할 것). 그렇다면 접속사는 무엇인가?

3. Adults ~~also~~ engage ~~in bullying activities~~ / **but** it is usually verbal abuse ~~by spreading lies to ruin your reputation or isolate the victim from the rest of the group~~.

4. **Since** we are the role model ~~of the next generation~~, our behavior ~~will~~ shape the future society.

3의 접속사는 but이고 4의 접속사는 since다. but처럼 중간에 접속사를 쓸 때는 커마를 찍지 않지만, 4처럼 맨 앞에 접속사를 쓸 경우에는 Since 문장이 끝나는 곳에(새로운 문장이 시작되는 곳 앞) 커마를 찍어야 한다.

03장 살 붙이기 1

그럼 이번에는 살을 붙여볼 차례다. 일단 '뼈'를 발라내면 어느 부위가 살인지 파악할 수 있다.

1. ~~I have been a victim~~ of bullying in a PTA group.

나는 PTA 그룹에서 폭력의 피해자였던 적이 있다.

I have been a victim 나는 피해자가 된 적이 있다. (어떤 피해를 봤니?)
of bullying 왕따의 (어디서?)
in a PTA group PTA 그룹 안에서

즉, 본문에서 살은 "a victim(피해자)"를 추가 설명하는 대목이다.

2. ~~It is not~~ just ~~a problem~~ for teenagers.

이는 십대만의 문제가 아니다.

It is not a problem. 이는 문제가 아니다. (어떤 문제?)
just (a problem) **for** teenagers. (단지 십대에 국한된)

3. ~~Adults~~ also ~~engage~~ in bullying activities / but ~~it is~~ usually ~~verbal abuse~~ by spreading lies to ruin your reputation or isolate the victim from the rest of the group.

성인들도 폭행에 가담하고 있는데 대개는 명예를 훼손하거나 피해자를 '왕따'시키기 위해 허위 사실을 유포함으로써 언어폭력을 일삼는 경우가 비일비재하다.

Adults engage 어른들은 가담한다. (어른들만?) → **뼈대**
Adults **also** engage 어른들도 가담한다. (어디에?)

in bullying activities 폭행에(engage in은 관용어로 외워둔다) (그럼 때린다는 이야기?)

but it is usually **verbal abuse** 하지만 그건 대개가 언어폭력이다. (방법은?) → **뼈대**

by spreading lies 거짓말을 유포시킴으로써 (왜 거짓말을 일삼는 거니?)

to ruin your reputation 명예를 훼손하기 위해(to+동사는 ~하기 위하여) (그것뿐인가?)

or isolate the victim 또는 피해자를 격리시키기 위해 (누구에게서?)

from the rest of the group 그룹의 나머지에게서

4. Since ~~we are the role model~~ of the next generation, / ~~our behavior~~ **will** ~~shape the future society~~.

우리는 차세대의 역할 모델이기 때문에 우리의 처신이 미래 사회를 조성해나갈 것이다.

Since we are the role model 우리는 롤모델이기 때문에 (누구의 모델인데?)

of the next generation 차세대의 (그래서 어쨌다는 건데?)

out behavior will **shape** 우리의 행동이 만들어갈 것이다. (무엇을?) → **뼈대**

the future society 미래의 사회를

베껴쓰기

❶ Jeanne says children should be taught.

잔Jeanne은 아이들이 배워야 한다고 이야기했다. (should 해야 한다 / be taught 배우다)

❷ And Kelly suggested that parents should spend more time.

켈리Kelly는 부모가 좀더 많은 시간을 보내야 한다고 주장했다. (suggest 주장하다)

❸ If they are taught to be considerate, they will not treat other people.

그들이 배려하는 법을 배운다면 상대방을 대하지는 않을 것이다. (if ~라면 / considerate 배려하는 / treat 대우하다)

외워쓰기

❶ 잔Jeanne은 아이들이 배워야 한다고 이야기했다.

❷ 켈리Kelly는 부모가 좀더 많은 시간을 보내야 한다고 주장했다.

❸ 그들이 배려하는 법을 배운다면 상대방을 대하지는 않을 것이다.

04장 살 붙이기 2

짐작했겠지만, 앞서 베낀 본문은 굵직한 뼈대만 소개한 것이기 때문에 이를 문장답게 완성하려면 여러분이 직접 그럴듯한 살을 붙여야 한다. 어떤 살을 어디에 붙여야 할까?

1. 잔은 아이들이 배워야 한다고 이야기했다(Jeanne says children should be taught).

*잔은 어디 출신인가? 브라질
*무엇을 배워야 한다고 이야기했을까? 차이를 존중하는 것(to+동사를 쓴다)

Jeanne says children should be taught.
from Brazil / to respect differences

→ **Jeanne from Brazil says children should be taught to respect differences.**

2. 켈리는 부모가 좀더 많은 시간을 보내야 한다고 주장했다(Kelly suggested that parents should spend more time).

*켈리는 어디 출신인가? 미국
*누구랑 많은 시간을 보내야 한다는 말인가? 그들의 아이들과(누구의 아이인지 밝혀주는 것이 영어의 센스다!)

Kelly suggested that parents should spend more time.
in the United States / with their children

→ **Kelly in the United States suggested that parents should spend more time with their children.**

from Brazil과 in the United States? 전치사가 다른 까닭은 잔과 켈리가 모두 미국 현지에 있기 때문에 미국 사람이 아닌 잔을 두고는 "from Brazil"이라고 구분한 것이다. 미국 사람이라면 굳이 "from the United States"라고 쓸 필요는 없다.

3. 그들이 배려하는 법을 배운다면 상대방을 대하지는 않을 것이다(If they are taught to be considerate, they will not treat other people).

*언제 배려하는 법을 배워야 하는가? 그들이 아주 어렸을 때("때"는 when으로 시작)

*상대방을 어떻게 대하지는 않는다는 이야기인가? 짓궂게 in a mean way

If they are taught to be considerate, they will not treat other people.
when they are very young in a mean way

→ **If they are taught to be considerate when they are very young, they will not treat other people in a mean way.**

베껴쓰기

❶ Jeanne from Brazil says children should be taught to respect differences.

브라질 출신인 잔은 차이를 존중하는 법을 배워야 한다고 이야기했다.

❷ And Kelly in the United States suggested that parents should spend more time with their children.

미국의 켈리는 좀더 많은 시간을 아이들과 함께 보내야 한다고 주장했다.

❸ If they are taught to be considerate when they are very young, they will not treat other people in a mean way.

그들이 아주 어릴 때부터 배려하는 법을 배운다면 상대방을 짓궂게 대하지는 않을 것이다.

외워쓰기

❶ 브라질 출신인 잔은 아이들이 차이를 존중하는 법을 배워야 한다고 이야기했다.

❷ 미국의 켈리는 부모가 좀더 많은 시간을 아이들과 함께 보내야 한다고 주장했다.

❸ 그들이 아주 어릴 때부터 배려하는 법을 배운다면 상대방을 짓궂게 대하지는 않을 것이다.

05장 문장 잇기

한 문장에 동사는 하나만 쓰는 것이 원칙이지만, 대문자로 시작해서 마침표로 끝을 맺을 때까지 동사가 둘 이상 나오는 경우는 아주 많다.

동사가 둘이 있다는 것은 접속사(문장이나 어구를 연결해주는 매개어)를 하나 썼다는 뜻이고, 동사가 셋이 있다면 접속사는 둘을 썼을 테니 다음과 같은 공식이 성립할 것이다.

접속사 = 동사 — 1

다음 두 문장에서 동사를 찾고 접속사의 개수를 확인해보자.

1. Some people complained that bullying is not always taken seriously.

(complain 불평하다 / not always 항상 ~인 것은 아니다 / be taken seriously 진지하게 생각하다)

몇몇 사람들은 괴롭히는 것을 항상 진지하게 생각하지는 않는다는 데 불만을 표시했다.

2. We should let children understand that they will be punished if they do wrong, and the punishments won't be only reminders or warnings.

(be punished 처벌받다 / do wrong 잘못을 저지르다 / punishment 처벌 / reminder 일러주는 것 / warning 경고)

우리는 잘못을 저지르면 벌을 받는다는 점뿐 아니라 체벌이 단순한 지적이나 경고로 끝나지 않으리라는 점을 아이들에게 주지시켜야할 것이다.

첫 번째 문장의 동사는 둘이다.

1. Some people complained that bullying is not always taken seriously.

*complained 불평했다
*is(be동사) 이다

그렇다면 접속사는? 문장을 둘로 쪼개면 접속사를 찾을 수 있다.

Some people complained. 몇몇 사람들은 불평했다.
Bullying is not always taken seriously. 괴롭힘을 항상 진지하게 생각하지는 않는다.

두 문장을 연결시켜주는 접속사는 that이다.

"아하! complained(불평했다) 다음에 문장을 연결시켜줄 때는 that을 쓰는 구나!"

둘째 문장의 동사는 아래와 같이 넷으로 볼 수 있다. 조동사와 동사원형은 하나로 취급하며, let 다음에 나온 understand는 원형부정사로 동사는 아니다(문법노트 준동사편 참조).

2. We **should let** children ~~understand~~ that they **will be** punished if they **do** wrong, and the punishments **won't be(will not be)** only reminders or warnings.

*should let 누가 무엇하도록 만들어야 한다
*will be ~될 것이다
*do 하다
*won't be(will not을 줄이면 won't가 된다) ~하지 않을 것이다

따라서 접속사는 셋을 써야 한다. 접속사를 찾아보자.

We should let children understand 우리는 아이들에게 이해시켜야 한다

(   ) they will be punished 그들은 처벌을 받을 것이다

(   ) they do wrong 그들이 잘못한다

(   ) the punishments won't be only reminders or warnings

처벌은 단순한 지적이나 경고가 되어서는 안 된다

위의 네 문장을 연결하는 접속사는 간간이 넣은 단어로 보면 얼추 맞다.

We should let children understand 우리는 아이들에게 이해시켜야 한다(무엇을?)

that they will be punished 그들이 처벌받으리라는 것을(언제?)

if they do wrong 그들이 잘못하면(또 무엇을 이해시키는가?)

and the punishments won't be only reminders or warnings

(처벌은 단순한 지적이나 경고가 아닐 거라는 점을)

베껴쓰기

❶ Some people complained that bullying is not always taken seriously.

몇몇 사람들은 괴롭히는 것을 항상 진지하게 생각하지는 않는다는 데 불만을 표시했다.

❷ We should let children understand that they will be punished if they do wrong, and the punishments won't be only reminders or warnings.

우리는 잘못을 저지르면 벌을 받는다는 점뿐 아니라 체벌이 단순한 지적이나 경고로 끝나지 않으리라는 점을 아이들에게 주지시켜야할 것이다.

외워쓰기

❶ 몇몇 사람들은 괴롭히는 것을 항상 진지하게 생각하지는 않는다는 데 불만을 표시했다.

❷ 우리는 잘못을 저지르면 벌을 받는다는 점뿐 아니라 체벌이 단순한 지적이나 경고로 끝나지 않으리라는 점을 아이들에게 주지시켜야할 것이다.

복습하기

지금까지 학습한 것을 다시 곱씹어보자. 우선 문장은 뼈대와 살이 있고, 문장이나 어구를 연결시켜주는 매개어를 접속사라 했다(접속사가 that일 때는 생략하는 경우가 많다). 다음 문장을 베껴 쓰기 전에 뼈와 살을 구분해보고, 접속사를 찾아보자. 그러고 나서 달달 외우면 아래 문장은 여러분의 영작 밑천이 된다.

1. I'm really astonished how such a beautiful nice girl can do such a thing. (be astonished 놀라다 / such a 그렇게도 / nice 착한)

그렇게 아름답고 착한 여학생이 어찌 그런 짓을 할 수 있는지 정말 놀랐다.

2. She made a mistake when she listened to those who criticized her. (criticize 다그치다)

그녀는 그녀를 다그치는 그들의 말을 들었을 때 잘못을 저질렀다.

3. They were jealous of her. (jealous 질투하는)

그들은 그녀를 질투했다.

뼈대

1. I'm astonished / a girl do such a thing.

나는 놀랐다 / 한 소녀가 그런 짓(such a thing)을 한다

2. She made a mistake / she listened.

그녀는 잘못을 저질렀다 / 그녀는 들었다

3. They were jealous.

그들은 질투했다

뼈대+살

1. I'm astonished. 난 놀랐다(어떻게 놀랐니?)

↓

I'm really astonished. 정말 놀랐다(왜 놀랐니?)

↓

I'm really astonished how a girl can do such a thing.
어떻게 한 소녀가 그런 짓을 할 수 있을까(어떤 소녀?)

↓

I'm really astonished how such a beautiful nice girl can do such a thing. 이쁘고 착한 소녀

2. She made a mistake 그녀는 잘못을 저질렀다(언제?)

↓

She made a mistake when she listened. 그녀가 들었을 때(무엇을?)

↓

She made a mistake when she listened to those
그들의 말을 들었을 때(그들이 뭐라고 했는데?)

↓

She made a mistake when she listened to those who criticized her.
그녀를 다그쳤다
(사람those을 뒤에서 수식해줄 때는 접속사 who를 쓴다. 문법노트에서 '형용사절' 참조)

3. They were jealous 그들은 질투했다(누구를?)

↓

They were jealous of her. 그들은 그녀를 질투했다.
(be jealous of는 관용어로 외워두는 것이 좋다)

베껴쓰기

1. I'm really astonished how such a beautiful nice girl can do such a thing.

그렇게 아름답고 착한 여학생이 어찌 그런 짓을 할 수 있는지 정말 놀랐다.

2. She made a mistake when she listened to those who criticized her.

그녀는 그녀를 다그치는 그들의 말을 들었을 때 잘못을 저질렀다(자살을 두고 하는 말).

3. They were jealous of her.

그들은 그녀를 질투했다.

외워쓰기

1. 그렇게 아름답고 착한 여학생이 어찌 그런 짓을 할 수 있는지 정말 놀랐다.

2. 그녀는 그녀를 다그치는 그들의 말을 들었을 때 잘못을 저질렀다.

3. 그들은 그녀를 질투했다.

06장 시제 정리

시간의 개념을 주입하려면 동사를 바꾸면 된다. 동사를 거론하지 않고는 시제는 아무런 의미가 없다.

- 단순시제 (과거/현재/미래)
- 완료시제
- 진행시제

시제는 크게 3가지로 나눈다. 단순시제는 시간의 수직선에서 점으로 표현되며 과거와 현재 및 미래를 이야기할 때 쓴다. 완료시제는 수직선에서 선으로 나타내며, 과거에서 현재에까지 영향을 미칠 땐 현재완료, 미래에까지 그럴 땐 미래완료라고 말한다. 과거완료는 과거에서 과거에까지 이어질 때를 일컫고, 진행시제는 동작이 아직 끝나지 않고 계속될 때 쓴다.

시제를 구체적으로 나열하려면 '대응'을 떠올리면 된다. 가장 기본적인 과거와 현재 및 미래가 완료와 만나고 진행과 만난다. 그리고 완료와 진행이 만날 수도 있다.

- 현재
- 현재+완료 → 현재완료
- 현재+진행 → 현재진행
- 현재+완료+진행 → 현재완료진행

그러면 과거와 미래는?

- 과거
- 과거완료
- 과거진행
- 과거완료진행

- 미래
- 미래완료
- 미래진행
- 미래완료진행

이젠 각 시제를 언제 써야 하는지, 모양은 어떤지 알아보자.

❶ 단순시제

▶ 현재시제

현재는 평소에 하는 행동이나 일반적인 사실, 혹은 가까운 미래를 이야기할 때 쓴다.

Stink bugs **are** harmless except to farms and gardens.
(harmless 무해한 / except to ~을 제외하고 / stink bug 노린재)
노린재는 농가와 정원을 제외하고는 해를 끼치지 않는다.

And they **smell** bad only if you smash them.
(smell 어떤 냄새가 나다 / bad 고약한 / smash 세게 치다)
그리고 당신이 이를 세게 때릴 때만 고약한 냄새가 난다.

▶ 과거시제

과거형은 규칙일 경우에는 동사 끝에 '~ed'를 붙이고 불규칙일 땐 일일이 외워두어야 한다.

She **went** to the department store last monday. (go-went)
그녀는 지난 주 월요일 백화점에 갔다.

The Second World War **ended** in August 1945. (end-ended)

2차 대전은 1945년 8월에 종식되었다.

▶ 미래시제

미래시제는 조동사 will을 붙여서 만들거나 be going to+**동사원형**을 써서 표현한다.

I **will** remember you.

너를 기억하겠어. (will은 의지가 담긴 말이기도 하다)

The item **is going to** arrive in two or three days.

제품은 2, 3일 후면 도착할 것이다. (in은 ~후에)

베껴쓰기

❶ Stink bugs are harmless except to farms and gardens.

노린재는 농가와 정원을 제외하고는 해를 끼치지 않는다.

❷ And they smell bad only if you smash them.

그리고 당신이 이를 세게 때릴 때만 고약한 냄새가 난다.

❸ She went to the department store last monday. (go-went)

그녀는 지난 주 월요일 백화점에 갔다.

❹ The Second World War ended in August 1945. (end-ended)

2차 대전은 1945년 8월에 종식되었다.

❺ I will remember you.

너를 기억하겠어.

❻ The item is going to arrive in two or three days.

제품은 2, 3일 후면 도착할 것이다.

외워쓰기

❶ 노린재는 농가와 정원을 제외하고는 해를 끼치지 않는다.

❷ 그리고 당신이 이를 세게 때릴 때만 고약한 냄새가 난다.

❸ 그녀는 지난 주 월요일 백화점에 갔다.

❹ 2차 대전은 1945년 8월에 종식되었다.

❺ 너를 기억하겠어.

❻ 제품은 2, 3일 후면 도착할 것이다.

❷ 진행시제

진행시제는 be**동사**+**동사원형**+ing로 표현하며 **동작이 아직 끝나지 않았다**는 뜻이다.

▶ 현재진행

am/are/is+동사원형+ing

We **are** play**ing** baseball in the playground.
놀이터에서 야구를 하고 있다.

Aunt Mary **is** com**ing** to my house this weekend.
주말에 고모가 오신다.

첫 번째는 야구경기가 아직 끝나지 않았다는 이야기다. 현재 진행시제는 두 번째 예문처럼 가까운 미래를 나타내는 경우도 있다. 이때는 미래라는 단서가 있다.

▶ 과거진행

was/were+동사원형+ing

It **was raining** heavily when I looked out the window.
창밖을 봤을 때 폭우가 쏟아지고 있었다.

What **were** you **doing** last night?
어젯밤엔 무엇을 하고 있었니?

▶ 미래진행

will be + 동사원형 + ing
be going to be + 동사원형 + ing

I **will be crossing** the pacific ocean this time tomorrow.
내일 이때쯤이면 태평양을 건너고 있을 것이다.

My daughter **is going to be working** at a local company this summer. 딸아이는 올 여름엔 현지 회사에서 일하고 있을 것이다.

미래의 어느 시점에서 동작이 계속되는 상황을 표현할 때 미래진행을 쓴다.

베껴쓰기

❶ We are playing baseball in the playground.

놀이터에서 야구를 하고 있다.

❷ Aunt Mary is coming to my house this weekend.

주말에 고모가 오신다.

❸ It was raining heavily when I looked out the window.

창밖을 봤을 때 폭우가 쏟아지고 있었다.

❹ What were you doing last night?

어젯밤엔 무엇을 하고 있었니?

❺ I will be crossing the pacific ocean this time tomorrow.

내일 이때쯤이면 태평양을 건너고 있을 것이다.

❻ My daughter is going to be working at a local company this summer.

딸아이는 올 여름엔 현지 회사에서 일하고 있을 것이다.

외워쓰기

1. 놀이터에서 야구를 하고 있다.

2. 주말에 고모가 오신다.

3. 창밖을 봤을 때 폭우가 쏟아지고 있었다.

4. 어젯밤엔 무엇을 하고 있었니?

5. 내일 이때쯤이면 태평양을 건너고 있을 것이다.

6. 딸아이는 올 여름엔 현지 회사에서 일하고 있을 것이다.

❸ 완료시제

완료시제의 용법은 완료와 계속, 경험 및 결과로 구분한다.

▶ 현재완료

have + 과거분사(pp)

Jennifer **has just finished** her first year of law school. (완료)

제니퍼는 로스쿨 1년을 지금 마쳤다. (최근이나 지금 완료된 행위)

I **have lost** the key to my apartment. (결과)

아파트 열쇠를 잃어버렸다. (그 결과 지금 없다)

I **have** (ever) **been** to many countries in Europe. (경험)

유럽의 많은 나라를 가본 적이 있다. (ever나 never를 함께 쓰기도 한다)

My parents **have been married for** 25 years. (계속)

부모님은 결혼한 지 25년 되었다. (for나 since 등 기간을 나타내는 전치사를 동반)

▶ 과거완료

had + 과거분사(pp)

The baseball match **had already begun** when I turned on the TV. (완료)

텔레비전을 틀자 야구경기가 이미 시작되었다. (텔레비전을 틀기 전부터 경기가 시작됨)

When I got home, I realized I **had left** my bag in the train. (결과)

집에 왔을 때 가방을 열차에 두고 내렸다는 것을 깨달았다.
(집에 온 것보다 가방을 두고 내린 사건이 먼저 일어남)

I **had** never **seen** a koala until I saw one in Australia last year. (경험)

작년 호주에서 코알라를 보기 전에는 본 적이 없다.

He **had studied for** ten years before he passed the exam. (계속)

시험에 통과하기 전에 10년을 공부했다.

과거 이전의 완료와 계속, 경험 및 결과를 나타낼 때 과거완료시제를 씁니다. 과거완료는 과거보다 앞선 시제라는 점도 중요합니다.

▶ **미래완료**

will + have + 과거분사(pp)

Chris **will have lived** in Tucson for 4 years by next March.

내년 3월이면 크리스가 투손에 산 지 4년이 된다.

It **will have rained** for three days by tomorrow.

비가 내일 더 내리면 3일째 연일 내린 셈이 된다.

미래완료는 미래의 한 시점까지의 완료와 계속, 경험 및 결과를 나타낼 때 씁니다.

베껴쓰기

❶ Jennifer has just finished her first year of law school.

제니퍼는 로스쿨 1년을 지금 마쳤다.

❷ I have lost the key to my apartment.

아파트 열쇠를 잃어버렸다. (그 결과 지금 없다)

❸ I have (ever) been to many countries in Europe.

유럽의 많은 나라를 가본 적이 있다.

❹ My parents have been married for 25 years.

부모님은 결혼한 지 25년 되었다.

❺ The baseball match had already begun when I turned on the TV.

텔레비전을 틀자 야구경기가 이미 시작되었다.

❻ When I got home, I realized I had left my bag in the train.

집에 왔을 때 가방을 열차에 두고 내렸다는 것을 깨달았다.

7 I had never seen a koala until I saw one in Australia last year.

작년 호주에서 코알라를 보기 전에는 본 적이 없다.

8 He had studied for ten years before he passed the exam.

시험에 통과하기 전에 10년을 공부했다.

9 Chris will have lived in Tucson for 4 years by next March.

내년 3월이면 크리스가 투손에 산 지 4년이 된다.

10 It will have rained for three days by tomorrow.

비가 내일 더 내리면 3일째 연일 내린 셈이 된다.

외워쓰기

1 제니퍼는 로스쿨 1년을 지금 마쳤다.

2 아파트 열쇠를 잃어버렸다.

❸ 유럽의 많은 나라를 가본 적이 있다.

❹ 부모님은 결혼한 지 25년 되었다.

❺ 텔레비전을 틀자 야구경기가 이미 시작되었다.

❻ 집에 왔을 때 가방을 열차에 두고 내렸다는 것을 깨달았다.

❼ 작년 호주에서 코알라를 보기 전에는 본 적이 없다.

❽ 시험에 통과하기 전에 10년을 공부했다.

❾ 내년 3월이면 크리스가 투손에 산 지 4년이 된다.

❿ 비가 내일 더 내리면 3일째 연일 내린 셈이 된다.

❹ 완료진행시제

완료형과 진행형이 결합한 시제다.

▶ 현재완료진행

have been + **동사원형** + ing

Paul **has been studying** economics for three years.
폴은 3년째 경제학을 공부해왔다.

We **have been listening** to the same song for one hour.
우리는 한 시간 동안 같은 노래를 들어왔다.

The ground is wet. It **has been raining**.
땅이 젖었네. 비가 왔었구나. (땅이 젖은 것을 보고 비가 왔었다는 사실을 짐작할 때)

과거에 시작되어 현재까지 지속되는 일로 **아직 끝나지 않았다는 점**을 강조하거나 최근 혹은 방금 전까지 진행되었던 사건을 표현한다.

▶ 과거완료진행

had been + **동사원형** + ing

They **had been talking** for over an hour before I got there.
내가 가기 전 그들은 한 시간 째 이야기를 하고 있었다.

Mike needed some rest because he **had been working** all day.
마이크는 하루 종일 일을 했으므로 휴식이 필요했다.

과거 이전에 시작되어 과거의 어느 시점까지 계속 이어온 사건을 표현한다.

▶ 미래완료진행

will have been + **동사원형** + ing

In ten minutes, I **will have been** waiting an hour for the bus.
10분 후면 버스 기다린 지 한 시간째가 된다.

I **will have been working**(=will have worked) as a manager for 30 years next year.
내년이면 매니저로 일한 지 30년째가 된다.

미래의 어느 시점까지 어떤 동작이나 상태가 진행한다는 것을 표현할 때 쓴다.

베껴쓰기

❶ Paul has been studying economics for three years.

폴은 3년째 경제학을 공부해왔다.

❷ We have been listening to the same song for one hour.

우리는 한 시간 동안 같은 노래를 들어왔다.

❸ The ground is wet. It has been raining.

땅이 젖었네. 비가 왔었구나.

❹ They had been talking for over an hour before i got there.

내가 가기 전 그들은 한 시간 째 이야기를 하고 있었다.

❺ Mike needed some rest because he had been working all day.

마이크는 하루 종일 일을 했으므로 휴식이 필요했다.

❻ In ten minutes, I will have been waiting an hour for the bus.

10분 후면 버스 기다린 지 한 시간째가 된다.

❼ I will have been working as a manager for 30 years next year.

내년이면 매니저로 일한 지 30년째가 된다.

외워쓰기

❶ 폴은 3년째 경제학을 공부해왔다.

❷ 우리는 한 시간 동안 같은 노래를 들어왔다.

❸ 땅이 젖었네. 비가 왔었구나.

❹ 내가 가기 전 그들은 한 시간 째 이야기를 하고 있었다.

❺ 마이크는 하루 종일 일을 했으므로 휴식이 필요했다.

❻ 10분 후면 버스 기다린 지 한 시간째가 된다.

❼ 내년이면 매니저로 일한 지 30년째가 된다.

07장 가정문

가정법은 영어로 "subjunctive mood"라고 한다. "mood"는 '감정'이라는 뜻이므로 가정과 감정은 서로 무관하지 않다는 말이다. 그럼 직설법과 가정법 문장을 비교해가면서 감정과의 관계성을 짚어보자.

*If he studies hard, he can solve the problem. (직설법)
*If he studied hard, he could solve the problem. (가정법)
그가 열심히 공부한다면 그 문제를 풀 수 있을 것이다.

번역이 같아 두 문장의 차이를 간파하기가 쉽지는 않다. 결론부터 말하자면, 그가 공부를 열심히 하는지 그러지 않는지 알 수 없는 사실을 말할 땐 직설법을 쓰고, **공부를 열심히 하지 않는다는 생각에 문제를 풀 수 없을 것**이라는 말을 돌려 표현할 땐 가정법을 쓴다. 그러니까 아래 문장의 화자는 '그가 공부를 열심히 하지 않는다'는 푸념을 늘어놓고 있으니 어떤 감정으로 이야기하고 있는지 감을 잡을 수 있을 것이다.

가정법은 크게 **가정법 과거**와 **가정법 과거완료**로 나누며 일정한 패턴이 있으므로 이를 암기하고 몇 가지 특징만 공부하면 쉽게 익힐 수 있다.

❶ 가정법

A. 가정법 과거/가정법 과거완료

가정법 과거는 현재 사실을, 과거완료는 과거 사실의 반대를 가정하는 말이며 패턴은 다음과 같다.

▶ 가정법 과거(조동사의 과거는 "우슈쿠마"로 암기)

if + 주어 + 과거동사(be=were), 주어 + 조동사의 과거(would/should/could/might) + 동사원형

▶ 가정법 과거완료

if + 주어 + had + pp, 주어 + 조동사의 과거 + have + pp

패턴을 이해해야 문장을 구성할 수가 있다. 다음 문장을 우리말로 옮겨보자. 패턴에 단어를 그대로 적어 넣으면 된다.

"내가 너라면 운전을 좀 더 조심스럽게 할(했을) 텐데."
(조심스럽지 못한 운전습관을 못마땅하게 여기고 있다)

*more carefully 좀 더 조심스럽게
*drive-drove-driven 운전하다

▶ 가정법 과거

if + 주어(I) + 과거동사(were) you, 주어(I) + 조동사의 과거(would) + 동사원형(drive more carefully).

If I were you, I would drive more carefully.

▶ 가정법 과거완료

if + 주어(I) + had + pp(been) you, 주어(I) + 조동사의 과거(would) + have + pp(driven) more carefully.

If I had been you, I would have driven more carefully.

베껴쓰기

❶ If he studies hard, he can solve the problem.

그가 열심히 공부한다면 그 문제를 풀 수 있을 것이다.

❷ If he studied hard, he could solve the problem.

그가 열심히 공부한다면 그 문제를 풀 수 있을 것이다.

❸ If I were you, I would drive more carefully.

내가 너라면 운전을 좀더 조심스럽게 할 텐데.

❹ If I had been you, I would have driven more carefully.

내가 너였다면 운전을 좀더 조심스럽게 했을 텐데.

외워쓰기

❶ 그가 열심히 공부한다면 그 문제를 풀 수 있을 것이다.

❷ 그가 열심히 공부한다면 그 문제를 풀 수 있을 것이다.

❸ 내가 너라면 운전을 좀더 조심스럽게 할 텐데.

❹ 내가 너였다면 운전을 좀더 조심스럽게 했을 텐데.

종속절(if절)에서 be동사는 인칭에 관계없이 무조건 were이라고 배웠지만 주어가 단수일 땐 was를 쓰는 경우도 가끔 눈에 띈다. were이 나와서 말인데, 실현되기가 불가능한 가정을 표현할 땐 종속절에 "were to + **동사원형**"을 쓴다.

"내가 다시 태어난다면(실현 불가능) 나는 번역가가 되겠어."

*번역가 a translator

*태어나다 be born

if + 주어 + were to + 동사원형,
주어 + 조동사의 과거 + 동사원형

If **I were to be** born again, I would become a translator.

그러면 아래 문장을 우리말로 옮기면서 가정법 과거(완료) 패턴을 연습해보자.

1. 내가 새라면 네게 날아갈 수 있(었)을 텐데.
(날다 fly-flew-flown)

2. 그가 현명하(했)다면 그 제안을 받아들이지 않(았)을 텐데.
(제안 proposal / 받아들이다 accept)

정답

1. 가정법 과거: If I were a bird, I could fly to you.
   가정법 과거완료: If I had been a bird, I could have flown to you.
2. 가정법 과거: If he were clever, he would not accept the proposal.
   가정법 과거완료: If he had been clever, he would not have accepted the proposal.

베껴쓰기

❶ If I were to be born again, I would become a translator.

내가 다시 태어난다면 나는 번역가가 되겠어.

❷ If I were a bird, I could fly to you.

내가 새라면 네게 날아갈 수 있을 텐데.

❸ If I had been a bird, I could have flown to you.

내가 새라면 네게 날아갈 수 있었을 텐데.

❹ If he were clever, he would not accept the proposal.

그가 현명하다면 그 제안을 받아들이지 않을 텐데.

❺ If he had been clever, he would not have accepted the proposal.

그가 현명했다면 그 제안을 받아들이지 않았을 텐데.

외워쓰기

❶ 내가 다시 태어난다면 나는 번역가가 되겠어.

❷ 내가 새라면 네게 날아갈 수 있을 텐데.

❸ 내가 새였다면 네게 날아갈 수 있었을 텐데.

❹ 그가 현명하다면 그 제안을 받아들이지 않을 텐데.

❺ 그가 현명했다면 그 제안을 받아들이지 않았을 텐데.

B. if 생략

다른 경우와 마찬가지로 단어가 생략되면 뭔가 흔적이 남게 된다. 그래야 생략된 것을 의식할 수 있을 테니 말이다. 가정법도 그렇다. 언어의 경제성을 살리기 위해 if를 생략하면 **주어와 동사의 자리가 바뀐다**. 문장이 **도치**된다는 이야기다.

위의 예문을 토대로 if가 생략되는 과정을 살펴보자.

If I were a bird, I could fly to you. (if 생략)

→ (   ) I were a bird, I could fly to you. (if가 없어졌다는 흔적을 남기기 위해 도치)

→ **Were I a bird, I could fly to you**.

If I had been a bird, I could have flown to you.

→ **Had I been a bird, I could have flown to you**.

C. if it were not for + 명사 = but for = without

"**명사가 없다면** (상황이 달라졌을 것)"이라는 문장은 빈출 표현이므로 앞서 학습했던 것과 병행해서 다룰까 한다.

if it were not for + **명사(명사가 없다면)**

If it were not for you, I could not go there.

네가 없다면 나는 거기에 갈 수 없을 거야.

위 패턴을 가정법 과거완료로는 어떻게 쓸 수 있을까?

if it had not been for + **명사(명사가 없었다면)**

If it had not been for you, I could have not gone there.
네가 없었다면 나는 거기에 갈 수 없었을 거야.

위 패턴은 but for나 without으로 대체할 수 있다. but for나 without이 가정법 과거인지 과거완료인지는 주절의 동사를 보면 알 수 있다.

But for you, I **could not go** there. (가정법 과거)

But for you, I **could not have gone** there. (가정법 과거완료)

베껴쓰기

1. Were I a bird, I could fly to you.

   내가 새라면 네게 날아갈 수 있을 텐데.

2. Had I been a bird, I could have flown to you.

   내가 새였다면 네게 날아갈 수 있었을 텐데.

3. If it were not for you, I could not go there.

   네가 없다면 나는 거기에 갈 수 없을 거야.

4. If it had not been for you, I could have not gone there.

   네가 없었다면 나는 거기에 갈 수 없었을 거야.

5. But for you, I could not go there.

   네가 없다면 나는 거기에 갈 수 없을 거야.

6. But for you, I could not have gone there.

   네가 없었다면 나는 거기에 갈 수 없었을 거야.

7. If it were not for a car, I could not come to you.

   차가 없다면 네게 갈 수 없을 텐데.

8 Were it not for a car, I could not come to you.

차가 없다면 네게 갈 수 없을 텐데.

9 But for(Without) a car, I could not come to you.

차가 없다면 네게 갈 수 없을 텐데.

10 If he were clever, he would not accept the proposal.

차가 없었다면 네게 갈 수 없었을 텐데.

11 Had it not been for a car, I could not have come to you.

차가 없었다면 네게 갈 수 없었을 텐데.

12 But for(Without) a car, I could not have come to you.

차가 없었다면 네게 갈 수 없었을 텐데.

13 If it were not for my mother, I could not do that work.

어머니가 없었다면 그 일을 해낼 수 없었을 텐데.

14 Were it not for my mother, I could not do that work.

어머니가 없다면 그 일을 해낼 수 없을 텐데.

⑮ But for(Without) my mother, I could not do that work.

어머니가 없다면 그 일을 해낼 수 없을 텐데.

⑯ If it had not been for my mother, I could not have done that work.

어머니가 없었다면 그 일을 해낼 수 없었을 텐데.

⑰ Had it not been for my mother, I could not have done that work.

어머니가 없었다면 그 일을 해낼 수 없었을 텐데.

⑱ But for(Without) my mother, I could not have done that work.

어머니가 없었다면 그 일을 해낼 수 없었을 텐데.

⑲ If I didn't go to the party, Nina would be upset.

내가 파티에 가지 않는다면 니나는 속이 뒤집힐 것이다.

⑳ If I had not gone to the party, Nina would have been upset.

내가 파티에 가지 않았다면 니나는 속이 뒤집혔을 것이다.

㉑ If John were honest, I would employ him.

존이 정직하다면 나는 그를 고용할 텐데.

22 Were John honest, I would employ him.

존이 정직하다면 나는 그를 고용할 텐데.

23 If John had been honest, I would have employed him.

존이 정직했다면 나는 그를 고용했을 것이다.

24 Had John been honest, I would have employed him.

존이 정직했다면 나는 그를 고용했을 것이다.

외워쓰기

1 내가 새라면 네게 날아갈 수 있을 텐데.

2 내가 새였다면 네게 날아갈 수 있었을 텐데.

3 네가 없다면 나는 거기에 갈 수 없을 거야.

4 네가 없었다면 나는 거기에 갈 수 없었을 거야.

5 네가 없다면 나는 거기에 갈 수 없을 거야.

⑥ 네가 없었다면 나는 거기에 갈 수 없었을 거야.

⑦ 차가 없다면 네게 갈 수 없을 텐데.

⑧ 차가 없다면 네게 갈 수 없을 텐데.

⑨ 차가 없다면 네게 갈 수 없을 텐데.

⑩ 차가 없었다면 네게 갈 수 없었을 텐데.

⑪ 차가 없었다면 네게 갈 수 없었을 텐데.

⑫ 차가 없었다면 네게 갈 수 없었을 텐데.

⑬ 어머니가 없었다면 그 일을 해낼 수 없었을 텐데.

⑭ 어머니가 없다면 그 일을 해낼 수 없을 텐데.

⑮ 어머니가 없다면 그 일을 해낼 수 없을 텐데.

16 어머니가 없었다면 그 일을 해낼 수 없었을 텐데.

17 어머니가 없었다면 그 일을 해낼 수 없었을 텐데.

18 어머니가 없었다면 그 일을 해낼 수 없었을 텐데.

19 내가 파티에 가지 않는다면 니나는 속이 뒤집힐 것이다.

20 내가 파티에 가지 않았다면 니나는 속이 뒤집혔을 것이다.

21 존이 정직하다면 나는 그를 고용할 텐데.

22 존이 정직하다면 나는 그를 고용할 텐데.

23 존이 정직했다면 나는 그를 고용했을 것이다.

24 존이 정직했다면 나는 그를 고용했을 것이다.

❷ 기타 가정법

전형적인 가정법 패턴은 아니지만 자주 활용되는 패턴도 아울러 살펴보자. 크게 세 가지만 알면 무난히 가정법을 정리할 수 있을 것이다.

- I wish + 주어 + 과거동사(과거완료) = ~라면 좋을 텐데(좋았을텐데)
- as if + 주어 + 과거동사(과거완료) = 마치 ~인 것처럼(였던 것처럼)
- it's (high) time + 주어 + 과거동사 = ~할 때다

공통적인 동사는 모두 과거형이다. 과거동사이긴 하지만 **의미는 현재**라는 점을 잊어선 안 된다. 물론 과거완료를 썼다면 의미는 **과거**가 될 것이다. 이 세 가지 패턴의 또 다른 공통점은 화자의 감정이 전달되는, 이를테면 "뭔가가 유감스럽다"는 뉘앙스가 있다는 것이다.

첫째, wish는 무언가가 이루어지기를 바란다는 말이다. 하지만 그 이면에는 '성취되지 않았다'는 아쉬움이 느껴진다.

> "I **wish** my wife **were** alive to see his son graduate."
> 아내가 살아서 아들 졸업을 보면 좋을 텐데.

즉, 아내가 이 세상 사람이 아니라서 졸업식에 참석하지 못한다는 이야기다. 둘째, as if는 대개 '마치 ~인 것처럼'으로 옮긴다. 바꾸어 말하면 "~가 아닌 걸 내가 아는데 ~ 흉내를 내고 있다"거나 상황에 따라서는 "꼴에 잘난 척한다"는 비아냥조로 이해할 수도 있다.

> "You talk as **if** you **knew** a great deal about this."
> 이 방면에 빠삭한 듯 말하는 군요.

화자는 '당신이 그럴 리가 없는데……'라며 되뇐다. 잘 알지도 못하면서 말은 청산유수처럼 잘도 한다는 말이다. 끝으로, it's time은 "무엇할 때"라고 이해하면 된다. 역시 화자의 뉘앙스를 파악하는 것이 관건이다.

"**It's time** you **took** a bath and went to sleep."

씻고 잘 시간이다.

'왜 여태 안 씻은 거야?'라는 엄마(혹은 아빠)의 불만이 들리는가?

베껴쓰기

❶ I wish my wife were alive to see his son graduate.

아내가 살아서 아들 졸업을 보면 좋을 텐데.

❷ You talk as if you knew a great deal about this.

이 방면에 빠삭한 듯 말하는 군요.

❸ It's time you took a bath and went to sleep.

씻고 잘 시간이다.

외워쓰기

❶ 아내가 살아서 아들 졸업을 보면 좋을 텐데.

❷ 이 방면에 빠삭한 듯 말하는 군요.

❸ 씻고 잘 시간이다.

연습독해

- If Bill **had** enough time, he **could spend** more time with his children.

- If humans **were to** live forever, we **would be** faced with a lot of problems.

- If John **had paid** more attention in the course, he **would have understood** what she said.

- I **wish** I **had worked** harder when I was young.

- John smiled **as if** he **could read** m y mind.

- **It's time** you **thought** seriously about what you want to do.

- **If it were not for** you, we **wouldn't be** here.

- **If it had not been for** the rain, we **would have had** a pleasant trip.

- **Were** I rich, I **would build** a new house for my family.

- **Had** I **realized** you were sick, I **would have finished** the homework by myself.

해설

- If Bill **had** enough time, he **could spend** more time with his children.

→ 빌이 시간만 충분해도 아이들에게 시간을 더 많이 쓸 수 있을 텐데(본문 번역).
→ 시간이 없어 아이들을 자주 돌보지 못한다(속뜻).

- If humans **were to** live forever, we **would be** faced with a lot of problems.

→ 사람이 영원히 산다면 많은 문제에 봉착할 것이다.
→ 제 명에 죽으니 다행이다.

- If John **had paid** more attention in the course, he **would have understood** what she said.

→ 존이 강좌에 관심을 더 기울였더라면 그녀가 말한 것을 이해했을 것이다.
→ 딴청부리느라 교수의 말은 쇠귀에 경 읽기였다.

- **I wish** I **had worked** harder when I was young.

→ 젊었을 때 열심히 일했으면 좋았을 텐데.
→ 젊을 때 좀 놀아서 후회막급.

- John smiled **as if** he **could read** my mind.

→ 존은 내 생각을 읽은 듯 씩 웃었다.
→ 알 리가 없는데도 실소를 보이니 어째 석연치가 않다.

- **It's time** you **thought** seriously about what you want to do.

→ 하고 싶은 일을 두고 진지하게 고민해야 할 때다.
→ 철없는 생각 그만하고 인생을 돌아보라.

• **If it were not for** you, we **wouldn't be** here.

→ 네가 없다면 우리는 여기에 없을 거야.

→ 네 덕에 우리가 여기에 왔지.

• **If it had not been for** the rain, we **would have had** a pleasant trip.

→ 비가 안 왔다면 기분 좋은 여행이 됐을 텐데.

→ 비가 여행을 다 망쳐 놨다.

• **Were** I rich, I **would build** a new house for my family.

→ 부자라면 가족을 위해 새 집을 지을 텐데.

→ 새 집을 지을 형편은 못된다.

• **Had** I **realized** you were sick, I **would have finished** the task by myself.

→ 네가 아팠다는 것을 알았다면 일을 내가 직접 끝냈을 텐데.

→ 아팠어? 그럼 진작 말을 하지…….

베껴쓰기

1. If Bill had enough time, he could spend more time with his children.

빌이 시간만 충분해도 아이들에게 시간을 더 많이 쓸 수 있을 텐데.

2. If humans were to live forever, we would be faced with a lot of problems.

사람이 영원히 산다면 많은 문제에 봉착할 것이다.

3. If John had paid more attention in the course, he would have understood what she said.

존이 강좌에 관심을 더 기울였더라면 그녀가 말한 것을 이해했을 것이다.

4. I wish I had worked harder when I was young.

젊었을 때 열심히 일했으면 좋았을 텐데.

5. John smiled as if he could read my mind.

존은 내 생각을 읽은 듯 씩 웃었다.

6. It's time you thought seriously about what you want to do.

하고 싶은 일을 두고 진지하게 고민해야 할 때다.

7. If it were not for you, we wouldn't be here.

네가 없다면 우리는 여기에 없을 거야.

8 If it had not been for the rain, we would have had a pleasant trip.

비가 안 왔다면 기분 좋은 여행이 됐을 텐데.

9 Were I rich, I would build a new house for my family.

부자라면 가족을 위해 새 집을 지을 텐데.

10 Had I realized you were sick, I would have finished the homework by myself.

네가 아팠다는 것을 알았다면 일을 내가 직접 끝냈을 텐데. 텐데.

외워쓰기

1 빌이 시간만 충분해도 아이들에게 시간을 더 많이 쓸 수 있을 텐데.

2 사람이 영원히 산다면 많은 문제에 봉착할 것이다.

3 존이 강좌에 관심을 더 기울였더라면 그녀가 말한 것을 이해했을 것이다.

4 젊었을 때 열심히 일했으면 좋았을 텐데.

❺ 존은 내 생각을 읽은 듯 씩 웃었다.

❺ 하고 싶은 일을 두고 진지하게 고민해야 할 때다.

❻ 네가 없다면 우리는 여기에 없을 거야.

❼ 그가 현명했다면 그 제안을 받아들이지 않았을 텐데.

❽ 비가 안 왔다면 기분 좋은 여행이 됐을 텐데.

❾ 부자라면 가족을 위해 새 집을 지을 텐데.

❿ 네가 아팠다는 것을 알았다면 일을 내가 직접 끝냈을 텐데.

08장 글의 기교

❶ 도치

도치(倒置)란 '거꾸로 도'와 '둘 치'가 만나 '거꾸로 둔 말'을 일컫는다. 즉, 원래의 자리가 바뀌었다는 뜻이다.

The poor in spirit are **blessed**.
Blessed are the poor in spirit.
마음이 가난한 자는 복이 있다

위 예문의 주어는 'the poor가난한 사람들,' 동사는 'are이다'다. 보어로 쓰인 형용사 'blessed'가 맨 앞으로 나가면서 주어와 동사의 위치도 바뀐 것이다. 첫 번째 예문이 원래 문장인데 두 번째처럼 순서를 바꾸었다는 것은 뉘앙스에 뭔가 변화를 주었다는 방증이기도 하다. 결론적으로, 화자는 "blessed"를 강조하려고 이를 맨 앞으로 보내면서 주어와 동사의 자리도 덩달아 바꾸었다. 도치는 대개 말을 강조할 때 일어나므로, 둘째는 '마음이 가난한 자는 정말(진짜) 복이 있다'고 이해해야 옳다.

주어 + 동사 + 형용사/(부정)부사/전치사(구)
→ 형용사/(부정)부사/전치사(구) + 동사 + 주어

A coffee shop called Starbucks is **just down the corner**.
→ **Just down the corner** is a coffee shop called Starbucks.
스타벅스(라고 불리는) 커피숍은 인근 모퉁이에 있다.

말이 도치되면 무엇이 강조되느냐도 그렇지만 주어와 동사를 찾는 것도 중요하다. 흔히 주어와 동사를 혼동한 탓에 큰 틀을 놓치는 경우가 비일비재하기 때문이다. 본문에서 주어는 'a coffee shop'이고 동사는 'is'다.

She had **hardly** been seated **when** she was restless.
→ **Hardly** had she been seated **when** she was restless.

주어: She(그녀는)
서술어: had been(이었다)
보어: seated(앉은)

그녀는 앉자마자 좌불안석했다. (hardly와 when이 만나면 '~하자마자'로 옮긴다)

I did**n't** realize my purse was missing **until** the morning.
→ **Not until the morning did I** realize my purse was missing.

주어: I(나는)
서술어: realize(깨달았다)
목적절: my purse was missing(핸드백이 없어졌다는 것을)

아침이 돼서야 나는 핸드백이 없어졌다는 것을 깨달았다. (not until은 '~가 지나서야'로 해석한다)

베껴쓰기

❶ The poor in spirit are blessed.

마음이 가난한 자는 복이 있다

❷ Blessed are the poor in spirit. (강조)

마음이 가난한 자는 진실로 복이 있다.

❸ A coffee shop called Starbucks is just down the corner.

스타벅스 커피숍은 인근 모퉁이에 있다.

❹ Just down the corner is a coffee shop called Starbucks.

인근 모퉁이에 스타벅스 커피숍이 있다.

❺ She had hardly been seated when she was restless.

그녀는 앉자마자 좌불안석했다.

❻ Hardly had she been seated when she was restless.

그녀는 앉자마자 좌불안석했다.

❼ I didn't realize my purse was missing until the morning.

아침이 되기 전에는 핸드백이 없어졌다는 것을 깨닫지 못했다.

❽ Not until the morning did I realize my purse was missing.

아침이 돼서야 나는 핸드백이 없어졌다는 것을 깨달았다.

외워쓰기

1 마음이 가난한 자는 복이 있다.

2 마음이 가난한 자는 진실로 복이 있다.

3 스타벅스 커피숍은 인근 모퉁이에 있다.

4 인근 모퉁이에 스타벅스 커피숍이 있다.

5 그녀는 앉자마자 좌불안석했다.

6 그녀는 앉자마자 좌불안석했다.

7 아침이 되기 전에는 핸드백이 없어졌다는 것을 깨닫지 못했다.

8 아침이 돼서야 나는 핸드백이 없어졌다는 것을 깨달았다.

❷ 강조

앞서 언급했듯이, 자리를 바꾸어도 강조의 의미가 있으나 그와는 좀 다른 강조용법도 있다. 이 책에서는 빈도가 높은 두 가지만 살펴볼 참이다.

do

do는 의문문이나 부정문외에 동사를 강조할 때도 사용된다.

I love you. 사랑해
I **do** love you. 정말 사랑해

He hate**s** mathematics. 수학을 싫어한다.
He **does** hate mathematics. 수학이라면 진저리가 난다.(-s가 do에 편승)
He **did** hate mathematics. 수학이라면 진저리가 났다.(-ed가 do에 편승)

it be동사+(강조하고 싶은 말)+that 절

위 패턴만 알고 있으면 동사를 제외한 말을 모두 강조할 수 있다. it be동사와 that 절 사이에 강조하고 싶은 말을 넣고 나머지는 that 다음에 이어 쓰면 된다. 참 쉽다.

Hana wrote the article for the New York Times in October.
한나는 10월에 뉴욕타임스에 게재할 기사를 썼다.

- It was **Hana** that wrote the article for the New York Times in October.

  (아무개가 아니라 바로) **한나**가 10월에 뉴욕타임스에 게재할 기사를 썼다.

- It was **the article** that Hana wrote for the New York Times in October.

  (다름 아닌) **그 기사를** 한나가 10월에 뉴욕타임스에 게재하려고 썼다.

- It was **for the New York Times** that Hana wrote the article in October.

  한나는 (다른 신문사가 아니라) **뉴욕타임스에** 게재하려고 썼다.

- It was **in October** that Hana wrote the article for the New York Times.

  한나는 (다른 때가 아닌) **10월에** 뉴욕타임스에 게재하려고 썼다.

단, 의문사를 강조할 때는 도치가 일어난다.

Who wrote the letter?
→ **Who** was it that wrote the article?
(도대체) **누가** 그 기사를 썼는가?

베껴쓰기

❶ He hates mathematics.

수학을 싫어한다.

❷ He does hate mathematics.

수학이라면 진저리가 난다.

❸ He did hate mathematics.

수학이라면 진저리가 났다.

❹ Hana wrote the article for the New York Times in October.

한나는 10월에 뉴욕타임스에 게재할 기사를 썼다.

❺ It was Hana that wrote the article for the New York Times in October.

(아무개가 아니라 바로) 한나가 10월에 뉴욕타임스에 게재할 기사를 썼다.

❻ It was the article that Hana wrote for the New York Times in October.

(다름 아닌) 그 기사를 한나가 10월에 뉴욕타임스에 게재하려고 썼다.

⑦ It was for the New York Times that Hana wrote the article in October.

한나는 (다른 신문사가 아니라) 뉴욕타임스에 게재하려고 썼다.

⑧ It was in October that Hana wrote the article for the New York Times.

한나는 (다른 때가 아닌) 10월에 뉴욕타임스에 게재하려고 썼다.

⑨ Who wrote the letter?

누가 그 기사를 썼는가?

⑩ Who was it that wrote the article?

(도대체) 누가 그 기사를 썼는가?

외워쓰기

① 수학을 싫어한다.

② 수학이라면 진저리가 난다.

❸ 수학이라면 진저리가 났다.

❹ 한나는 10월에 뉴욕타임스에 게재할 기사를 썼다.

❺ (아무개가 아니라 바로) 한나가 10월에 뉴욕타임스에 게재할 기사를 썼다.

❻ (다름 아닌) 그 기사를 한나가 10월에 뉴욕타임스에 게재하려고 썼다.

❼ 한나는 (다른 신문사가 아니라) 뉴욕타임스에 게재하려고 썼다.

❽ 한나는 (다른 때가 아닌) 10월에 뉴욕타임스에 게재하려고 썼다.

❾ 누가 그 기사를 썼는가?

❿ (도대체) 누가 그 기사를 썼는가?

③ 생략

굳이 언어의 경제성을 거론하지 않더라도 상대방이 같은 말을 계속 되풀이하면 이를 듣는 사람은 짜증이 나게 마련이다. 우리말을 가르치는 서적에서도 웬만하면 말수를 줄여야 한다고들 이야기하는데 영어도 그래야 한다. 다음 문장에서 군더더기를 지워 보자.

To some life is pleasure but to others ~~life is~~ suffering.

어떤 사람에게 인생은 기쁨이지만 다른 이에게 인생은 고통이다.

→ To some life is pleasure but to others suffering.

공통분모는 life is이므로 but 다음의 것은 지워야 문장이 가벼워진다.

No Parking (is allowed here.)

주차금지

(If you take) no pains, (you will get) no gains.

노력하지 않으면 얻는 것도 없다.

A stitch in time saves nine (stitches).

제때의 한 땀이 아홉 바늘을 던다.

I don't like being selfish, but I was (selfish).

이기주의자가 되고 싶진 않지만 예전엔 나도 그런 사람이었다.

베껴쓰기

❶ To some life is pleasure but to others suffering.

어떤 사람에게 인생은 기쁨이지만 다른 이에게 인생은 고통이다.

❷ No Parking (is allowed here.)

주차금지

❸ (If you take) no pains, (you will get) no gains.

노력하지 않으면 얻는 것도 없다.

❹ A stitch in time saves nine (stitches).

제때의 한 땀이 아홉 바늘을 던다.

❺ I don't like being selfish, but I was (selfish).

이기주의자가 되고 싶진 않지만 예전엔 나도 그런 사람이었다.

외워쓰기

❶ 어떤 사람에게 인생은 기쁨이지만 다른 이에게 인생은 고통이다.

❷ 주차금지

❸ 노력하지 않으면 얻는 것도 없다.

❹ 제때의 한 땀이 아홉 바늘을 던다.

❺ 이기주의자가 되고 싶진 않지만 예전엔 나도 그런 사람이었다.

❹ 공통

수학의 분배법칙과 개념이 비슷하다. 4(5+8)에서 4가 괄호 안의 5와 8에 각각 곱해지는 것처럼 영어에서도 주어나 목적어 혹은 보어 등이 동사에 공통으로 걸리는 것을 두고 '공통관계'라고 한다.

His energy is not and cannot be **what it was**.

what it was가 is not과 cannot be에 공통으로 걸린다. 따라서 '그의 열정은 예전 같지 않으며 또 그럴 수도 없다'고 옮기면 된다.

We can and indeed must **help** our poor neighbors.

우리는 가난한 이웃을 도울 수 있으며 꼭 그래야 한다.

A man of virtue and not of wealth deserves our admiration.

(*deserve 받을 자격이 있다)

부자가 아니라 덕이 있는 사람이 우리의 존경을 받을 자격이 있다.

My sister, not my brother, **went** with us.

남동생이 아니라 여동생이 우리와 함께 갔다.

베껴쓰기

1. His energy is not and cannot be what it was.

그의 열정은 예전 같지 않으며 또 그럴 수도 없다.

2. We can and indeed must help our poor neighbors.

우리는 가난한 이웃을 도울 수 있으며 꼭 그래야 한다.

3. A man of virtue and not of wealth deserves our admiration.

부자가 아니라 덕이 있는 사람이 우리의 존경을 받을 자격이 있다.

4. My sister, not my brother, went with us.

남동생이 아니라 여동생이 우리와 함께 갔다.

외워쓰기

1. 그의 열정은 예전 같지 않으며 또 그럴 수도 없다.

2. 우리는 가난한 이웃을 도울 수 있으며 꼭 그래야 한다.

3. 부자가 아니라 덕이 있는 사람이 우리의 존경을 받을 자격이 있다.

4. 남동생이 아니라 여동생이 우리와 함께 갔다.

⑤ 삽입

불현듯 생각나는 말이 있어 그냥 넘기기엔 아쉽다거나 말을 고르려고 "음……," "에……" 따위의 필러filler를 쓰는 경우가 흔히 있다. 그럴 땐 **"누가 그렇게 생각한다"의 뜻으로 쓰인 말은 제외하고 양쪽에 쉼표를 찍어 이를 구분한다.**

This is, **I am sure**, what she means.

원래는 "This is what she means(이게 그녀의 진의다)."라고만 말하려고 했는데 문득 '내가 그렇게 믿고 있다.'는 점을 강조해두면 좋을 것 같다는 생각에 "I am sure."를 중간에 삽입한 것이다.

When **do you suppose** the riot will be calmed down?

폭동이 언제 진압될 거라고 생각하는가?

("do you suppose(생각하나?)"가 들어갈 땐 쉼표를 찍지 않는다.)

This is the policy which **they think** is very wrong.

이건 (그들이 생각해보니……) 정말 잘못된 정책이다.

The judge, **who was dishonest**, was not respected.

판사는 (음 …… 정직하지 못한 판사는) 존경을 받지 못했다.

베껴쓰기

1. This is, I am sure, what she means.

이게 그녀의 진의라고 확신한다.

2. When do you suppose the riot will be calmed down?

폭동이 언제 진압될 거라고 생각하는가?

3. This is the policy which they think is very wrong.

이건 (그들이 생각해보니……) 정말 잘못된 정책이다.

4. The judge, who was dishonest, was not respected.

판사는 (음 …… 정직하지 못한 판사는) 존경을 받지 못했다.

외워쓰기

1. 이게 그녀의 진의라고 확신한다.

2. 폭동이 언제 진압될 거라고 생각하는가?

3. 이건 (그들이 생각해보니……) 정말 잘못된 정책이다.

4. 판사는 (음 …… 정직하지 못한 판사는) 존경을 받지 못했다.

❻ 동격

동격이란 어떤 대상을 좀 더 구체적으로 설명하려고 덧붙이는 말을 가리킨다.

Brahms, **a famous composer**, composed many symphonies.

"브람스는 많은 심포니를 작곡했다."에서 그칠 수도 있지만 상대가 브람스를 모를 수도 있으니 '어느 유명한 작곡가'라고 친절하게 이를 밝혀주었다. 어찌 보면 삽입 같기도 하다.

We thought much of the fact **that she is confident**.

우리는 그녀가 자신 있어 한다는 사실을 두고두고 생각했다.

the fact(사실) = she is confident(자신이 있다).

"그 사실을 두고두고 생각했다"는데 어떤 사실인지 말해주지 않으면 듣는 이는 엄청 답답해 할 것이다.

I gave up on the idea **of getting any help from them**.

그들에게서 도움을 받으리라는 생각은 일찌감치 포기했다.

the idea = getting any help from them

I have a dream **to become a doctor**.

제겐 의사가 되리라는 꿈이 있다.

dream = become a doctor

I have just heard the news **of our team's victory**.

우리 팀이 이겼다는 소식을 방금 들었다.

the news = our team's victory

베껴쓰기

❶ Brahms, a famous composer, composed many symphonies.

브람스는, 유명한 작곡가로서, 많은 심포니를 작곡했다.

❷ We thought much of the fact that she is confident.

그녀가 자신하고 있다는 사실을 두고두고 생각했다.

❸ I gave up on the idea of getting any help from them.

그들에게서 도움을 받으리라는 생각은 일찌감치 포기했다.

❹ I have a dream to become a doctor.

내겐 의사가 되리라는 꿈이 있다.

❺ I have just heard the news of our team's victory.

우리 팀이 이겼다는 소식을 방금 들었다.

외워쓰기

❶ 브람스는, 유명한 작곡가로서, 많은 심포니를 작곡했다.

❷ 그녀가 자신하고 있다는 사실을 두고두고 생각했다.

❸ 그들에게서 도움을 받으리라는 생각은 일찌감치 포기했다.

❹ 내겐 의사가 되리라는 꿈이 있다.

❺ 우리 팀이 이겼다는 소식을 방금 들었다.

P·A·R·T

2

문법노트

CHAPTER 1. 문장의 틀 갖추기

1. 동사

문장의 뼈대를 이루는 데 가장 중요한 품사(품사란 명사, 동사, 형용사 등, '~사'로 끝나는 말)는 **동사**입니다. 어떤 동사를 쓰느냐에 따라 다음에 어떤 말을 써야 할지가 거의 결정되기 때문입니다. 글을 쓸 때나 말을 할 땐 항상 동사에 주안점을 두어야 합니다.

(1) 동사의 종류

동사 = 일반동사+(be동사+조동사)

A. be동사(am/are/is)

현재를 기준으로 be동사는 am, are, is로 나뉘며 이 셋의 **기본형**이 바로 be입니다. 아울러 쓰임새도 꼭 확인하기 바랍니다. 뜻은 세 가지만 기억하면 됩니다(**이다 · 있다 · 되다**).

(쓰임새)

I **am** ...... (I 하고만 만납니다)
You/They **are** ...... (둘 이상인 말에 붙입니다)
He/She **is** ...... (하나를 가리키는 말에 붙입니다)

(예문)

My name **is** Hong Gil Dong. 저는 홍길동**입니다.**
There **is** a box on the chair. 의자에 상자가 **있다.**
I want to **be** a teacher. 교사가 **되고** 싶다.

B. 조동사

동사를 **돕는(도울 조助)** 또 다른 동사를 일컫습니다. 숫자가 비교적 많지만 더 늘어날 일은 없으니 뜻과 종류를 외워두십시오.

• 종류와 뜻 •

can(could) 할 수 있다 / 해야 한다
may(might) 해도 된다 / 일지도 모른다
will(would) 할 것이다
must = have to 해야 한다 / 이 틀림없다
ought to = have to 해야 한다
do(의문문이나 부정문에 쓰인다)

아울러 조동사의 규칙도 중요한데, 우선 조동사 다음에는 반드시 **동사의 기본형**을 써야 하고, **두 단어 이상을 중복해서 쓸 수 없습니다.**

I **can am** a doctor. → I **can be** a doctor.

I **will can** see her again.

→ I **will be able to** see her again(can=be able to).

C. 일반동사

be동사와 조동사는 더 이상 추가되지 않는 반면, 일반동사는 계속 생성 · 발전하는 말입니다. 따라서 신조어는 모두 일반동사입니다. 범위가 너무 넓으니 be동사와 조동사를 제외한 나머지 동사라고만 해두겠습니다. 그럼 일반동사의 규칙을 알아봅시다.

① 의문문(?)이나 부정문(not)에서는 조동사 'do'가 튀어나온다.

아직 시간의 개념을 이야기하지 않았으므로 현재를 기준으로 생각해보겠습니다. 무언가를 물을 때나 무엇이 "아니다(not)."라고 말하고 싶으면 일반동사는 뜬금없이 do를 '소환'합니다. be 동사나 조동사와는 전혀 다른 특징이죠.

(예문)

I **am not** a teacher. **Are you** a teacher?

I **can not** see him again. **Can you** do that?

예문을 보면 be동사와 조동사의 경우에는 not을 붙이거나 순서를 바꾸어 부정문이나 의문문을 만들었다는 것을 알 수 있습니다. 하지만 일반동사는 그렇게 쓸 수 없습니다.

You **have not** a slice of cheese. (×)

→ You **don't have** a slice of cheese.

Like you a slice of cheese? (×)

→ **Do you like** a slice of cheese?

그럼 문장이 바뀌는 과정을 찬찬히 들여다볼까요?

You **have** a slice of cheese.

↓ (not이 들어온다)

You **not have** a slice of cheese.

↓ (do가 들어온다)

You **do not have** a slice of cheese.

↓ (do not이 don't로 단축된다)

You **don't have** a slice of cheese.

② 주어에 따라 모양이 변한다.

영어는 동사를 중심으로 왼쪽과 오른쪽의 문장성분이 결정됐다고 해도 과언이 아닙니다. 이를테면 동사 왼쪽에는 주어가, 오른쪽에는 목적어나 보어가 오게 돼있습니다(기교를 부리지 않았다면). 물론 모든 언어가 그런 것은 아닙니다. 그리스(헬라어)나 이스라엘(히브리어) 말은 주어나 목적어의 위치가 자유로운 편입니다. 그래서 동사 왼쪽에 있다고 해서 주어가 되지 않을 확률이 영어보다는 훨씬 높습니다. 이 두 언어는 주어나 목적어에 성분을 가리키는 어미가 발달되어 단어만 봐도 그것이 주어인지 목적어인지 구별할 수 있기 때문입니다.

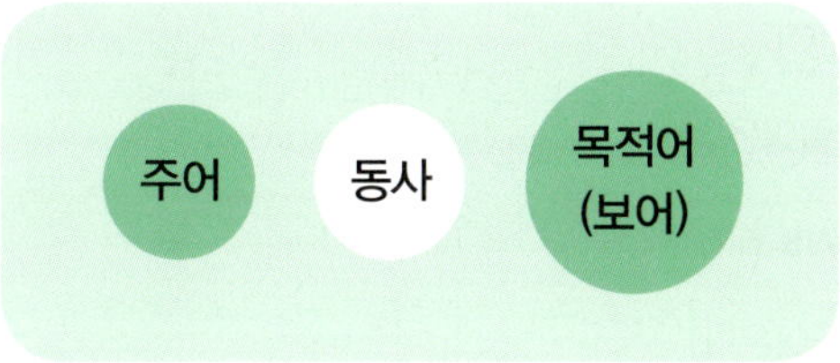

그러면 주어에 따라 일반동사의 모양이 어떻게 달라지는지 살펴봅시다.

③ 주어가 '하나'면 동사에 '-(e)s'를 붙인다(단, I와 You는 제외).

I **know** him.
You **know** him.
She **knows** him.
They **know** him.
Mr, Kim **knows** him.

I와 You는 한 사람을 가리키지만 예외적으로 동사는 그대로 둡니다. 한편, She는 어떤 여인 한 사람을 가리키니 know에 's'를 붙였습니다.

QUICK CHECK

She knows him.
(NOT) ______________________.
(?) ______________________?

She **knows** him.

↓ (not이 들어온다)

She **not knows** him.

↓ (do가 들어온다)

She **do not knows** him.

↓ ('s'를 do로 보내면 know가 기본형이 된다)

She **does not know** him.

↓ (does not이 doesn't로 단축된다)

She **doesn't know** him.

따라서 정답은 She doesn't know him과 Does she know him?입니다. 이젠 명사를 살펴봅시다.

2. 명사

이름을 가리키는 말입니다. 명사는 눈에 보이는 물체뿐 아니라 추상적인 관념까지도 표현할 수 있습니다. 문장의 중심이 동사긴 하지만 명사도 동사 못지않게 중요한 역할을 하는데요. 그럼 명사가 문장 속에서 어떤 기능을 하는지 살펴보겠습니다.

(1) 명사의 기능

다음 문장에서 명사를 찾아봅시다.

그는 학생이다.
나는 사과를 좋아한다.

명사는 '**학생**'과 '**사과**'입니다. 그리고 '**그**'와 '**나**'도 들어가야 합니다. 대명사도 명사 범주로 구분하기 때문입니다. 이를 토대로, 그와 나, 학생 및 사과가 문장에서 어떤 기능을 하는지 안다면 명사의 기능도 짐작해볼 수 있겠죠?

그(나): 주어
학생: 보어
사과: 목적어

우리말에서 '**이다**' 앞에 붙는 말은 무조건 **보어**라고 합니다. '을(를)'로 끝나는 말은 알다시피 목적어라고 하지요. 이처럼 '**~어**'로 끝나는 말은 **문장성분**이라 하고 '**~사**(명사, 대명사, 동사 등)'가 붙는 말은 **품사**라고 합니다. 앞으로 쓸 일이 많으니 필히 알아두시기 바랍니다. 위의 예를 토대로 보면 **명사는 주어와 목적어 및 보어의 기능을 한다**는 것을 알 수 있습니다.

He is **a student.**
I like **an apple.**

주어 = He, I
보어 = a student
목적어 = an apple

QUICK CHECK

그럼 다음 문장에서 주어나 목적어 혹은 보어를 찾아봅시다.

1. She goes to the department store today.
2. I work in a bookstore for several months.
3. Mr. Kim is living in Tokyo in this winter.
4. The basketball team wins the gold medal today.
5. I am sending a mail.

정답

1. **She**(주어) goes to **the department store**(전치사의 목적어) today.
2. **I**(주어) work in **a bookstore**(전치사의 목적어) for **several months**(전치사의 목적어).
3. **Mr. Kim**(주어) is living in **Tokyo**(전치사의 목적어) in this **winter**(전치사의 목적어).
4. **The basketball team**(주어) wins **the gold medal**(목적어) today.
5. **I**(주어) am sending **a mail**(목적어).

(2) 명사의 종류

크게 **셀 수 있는 명사**(Countable Noun)와 **셀 수 없는 명사**(Uncountable Noun)로 나눕니다. 셀 수 있는 명사는 단수(하나)와 복수(둘 이상)를 표현할 수 있는 반면, 셀 수 없는 명사는 항상 단수를 써야 합니다. 그럼 좀 더 구체적으로 살펴보겠습니다.

• 셀 수 있는 명사 •

1. boy friend teacher, building, event, crime, school
2-a. family, staff, audience, committee, team (단 · 복수 가능)
2-b. police, people, cattle, clergy (복수)

• 셀 수 없는 명사 •

1. honesty, courage, happiness, love, friendship, judgement
2. Shakespeare, Korea, Friday, July, English, Seoul
3. metal, meat, flour, money, sugar, butter, water, gas

복잡해보일 수도 있겠습니다만 일단 **셀 수 없는 명사**를 먼저 학습한 후 이를 제외한 것은 **셀 수 있는 명사**로 생각하면 무난히 익힐 수 있을 것입니다. 셀 수 없는 명사는 항상 단수로 취급합니다. 1번 예와 같이 손으로는 잡을 수 없고 가슴으로 느낄 수 있는 추상적인 말은 거의 셀 수 없습니다. 그리고 두 번째는 사람 이름이나 지명 등을 가리킵니다. 그렇다면 세 번째는 어떻게 공통개념을 유추할 수 있을까요? metal(금속)이나 meat(육류), flour(밀가루), sugar, butter, water 등은 '하나' '둘' '셋'으로 세지 않죠? 각각 고유의 부피나 질량을 나타내는 단위가 있습니다. 이처럼 킬로그램이라든가 리터 등의 단위를 쓰는 명사도 셀 수 없다고 보면 됩니다. 구체적인 예는 다음과 같습니다.

one liter of **water**
two liters of **water**

'water'는 단수로 동일하고 복수로 변하는 부분은 liter(단위)입니다. 그리고 물이나 커피, 밥 등의 음식은 어떤 용기에 넣고 먹느냐를 밝혀주면 됩니다. 이를테면, 우리는 밥을 그릇(bowl)에 넣어 먹으므로 'a bowl of rice(**밥 한 그릇**)'라고 말합니다. 다음 예도 참고하십시오.

a loaf(two loaves) of bread
a piece(two pieces) of furniture
a glass(two glasses) of water
a liter(two liters) of oil
a slice(two slices) of meat
a piece(two pieces) of advice
a bar(two bars) of chocolate
a bottle(two bottles) of beer

(3) 관사

셀 수 있는 명사 앞에 붙는 'A'나 'THE'를 가리킵니다. A는 주로 막연한 '어떤' 것이나 '하나'를 가리킬 때 쓰고 THE는 특정한 것을 이를 때 씁니다. 지금 대화를 나누고 있는 두 사람이 알고 있는 것을 지칭하거나 어떤 것을 '콕 짚어서' 말할 땐 THE를 쓴다고 보면 얼추 맞습니다.

A. A (부정관사)

① 하나	Rome was not built in **a** day. (하루)
② per(~당)	The sports car has maximum speed of 275km **an** hour. (시간당)
③ 어떤(a certain)	**A** Mr. Smith called us the other day. (스미스라는 어떤 분이)
④ 종족대표	**A** tiger is a very fierce animal. (호랑이 전체)

B. THE (정관사)

① 특정한 것

It's too hot in here. Could you turn off **the** heater?
(어떤 히터인지 서로가 안다)

② 최상급이나 서수(first, second, third, fourth 등) 앞에서

This game is **the** most impressive that I've ever played.

③ 악기 앞에서(스포츠 앞에는 관사를 붙이지 않습니다)

I'm learning how to play **the guitar**.
I'm learning how to play **tennis**.

④ 유일한 것

the sun, **the** moon, **the** earth, **the** universe, **the** Bible

QUICK CHECK

1. I bought a ________ of furniture in a shop yesterday.
2. How about choosing a ________ of juice instead of soda?
3. Are you going to play (the / a / 없음) piano?
4. (The / a / 없음) sun is shining brightly in the blue sky.
5. He told me to take medicine three times (the / a) day.

정답

1. PIECE 2. GLASS 3. THE 4. THE 5. A

3. 대명사

대명사란 '대신할 대(代)'와 이름을 뜻하는 '명사'가 합쳐진 것으로, **'명사를 대신 쓴 말'**을 일컫습니다. 예컨대, 제3자를 두고 이름을 부르기도 하지만 '그 애,' '그 녀석' 혹은 '그녀'라고 쓸 때 이를 대명사라고 합니다.

(1) 인칭대명사

사람(혹은 사물)을 가리킬 때 쓰는 말로 기본적으로 알아두어야 할 대명사입니다. 아직 숙지하지 않은 분들은 다음 표를 꼭 암기하기 바랍니다.

	주격(은/는/이/가)	소유격(의)	목적격(에게/을)	소유대명사
1인칭 단수	I(나는)	my(나의)	me(나를/에게)	mine(내것)
2인칭 단복수	You(너는)	your(너의)	you(너를/에게)	yours(네것)
3인칭 단수(남)	He(그는)	his(그의)	him(그를/에게)	his(그의 것)
3인칭 단수(여)	She(그녀는)	her(그녀의)	her(그녀를/에게)	hers(그녀의 것)
3인칭 복수	They(그들은)	their(그들의)	them(그들을/에게)	theirs(그들의 것)
1인칭 복수	We(우리는)	our(우리의)	us(우리를/에게)	ours(우리 것)

(2) 재귀대명사

'-self'가 붙는 말을 재귀대명사라고 하며 크게 **재귀용법**과 **강조용법** 둘로 나눕니다.

A. 재귀용법

He killed **himself**.
He killed **him**.

She looked at herself in the mirror.
She looked at her in the mirror.

재귀적인 용법은 주어와 목적어가 동일인물이나 동일할 때 씁니다. 즉, 재귀대명사(self)가 붙지 않으면 주어와 목적어는 서로 다른 사람(사물)이라는 얘기가 됩니다. 위 예문을 우리말로 옮기면 다음과 같습니다.

그는 자살했다.
그는 다른 남자를 죽였다.

그녀는 거울에 비친 자신을 보았다.
그녀는 거울에 비친 다른 여자를 보았다.

B. 강조용법

Tom did the work **himself**.
I want to see your father **himself**.

문장의 목적어를 구성하는 재귀용법과는 달리 강조용법은 없어도 비문이 되진 않으며 행위의 주체를 좀더 강조해주는 기능을 합니다.

톰은 **몸소** 그 일을 해냈다.
나는 **다른 누구도 아닌** 아버지를 보고 싶을 뿐이야.

C. 기타 관용적인 표현

She went there (all) **by herself**. (혼자서/저절로)
You can't live **for yourself**. (혼자 힘으로)

(3) IT

IT은 사용빈도가 대단히 높습니다. 글에 쓰일 때마다 무엇을 가리키는지 파악하려면 IT의 용법을 정리해두는 것이 좋습니다.

It is fine today.
날씨가 좋다.

How far is It from Seoul to Suwon?
서울에서 수원까지 얼마나 먼니까?

It is spring now.
봄이다.

비인칭 주어 IT은 날씨나 거리, 계절, 요일, 시간 등을 이야기할 때 붙입니다. 따라서 문맥을 보고 날씨인지 계절인지 파악해야 합니다.

It is wrong **to tell a lie**. (=To tell a lie is wrong.)
거짓말하는 것은 잘못이다.

It is true **that she Is honest**.
그녀가 정직하다는 것은 사실이다.

I think **it** wrong **to tell a lie**.
거짓말하는 것은 잘못이라고 생각한다.

I found **it** true **that she was innocent**.
그녀가 무고했다는 것이 사실임을 알았다.

가주어와 가목적어로 쓰인 it입니다. 진주어와 진목적어를 찾아 그 뜻을 파악하면 됩니다. it은 공백을 메우려고 써준 것에 불과하므로 해석하지 않습니다.

It was yesterday **that**(or **when**) I met Tom in the park.
It was Tom **that**(or **whom**) I met in the park yesterday.

it+be**동사**+that 강조용법입니다. 자세한 사항은 '8장'에서 '강조'편을 참고하기 바랍니다.

(4) 부정대명사

말 그대로 정해지지 않은 대명사로, 일반적인 사람이나 앞 문장에 쓴 것을 가리킬 때 씁니다.

One should keep **one's** promise.
사람은 모름지기 약속을 지켜야 한다.

He has three apples: a red **one** and two yellow **ones**.
세 개의 사과가 있는데 하나는 빨갛고 나머지 둘은 노란색이다.

I have two sons: **one** is a teacher and **the other** is a doctor.
두 아들이 있는데 첫째는 교사이고 둘째는 의사다.

둘을 열거할 땐 one과 the other을 쓰고 셋의 경우, 첫째는 one, 둘째는 another, 그리고 세 번째는 the other로 구분하면 됩니다.

Each of them has his own desk.
그들은 각각 자기 책상이 있다.

Every boy and (every) girl was seen there.
각 소년소녀가 거기서 보였다.

every와 each는 '각각'이란 뜻으로 단수 취급합니다. 그런데 each of를 쓰려면 '~중에 각각'이란 말이므로 of다음에는 복수형을 써야하고 전체 동사는 단수를 써야 한다는 점에 유의합시다.

***every + 단수명사 + 단수동사**
***(each of + 복수명사) + 단수동사**

All of them run very fast.
All of them runs very fast.

all은 전체를 하나로 보느냐, 각 개체로 보느냐에 따라 단/복수가 모두 가능합니다. 첫 번째는 그들 모두가 복수이고 둘째는 모두를 하나로 취급하여 단수 동사를 쓴 것입니다.

Both of them are going there tomorrow.
그들 둘은 내일 거기에 갈 것이다. (both는 둘)

▶other / others / another

Some boys like baseball, and **others** do not like it.
일부 소년은 야구를 좋아하지만 다른 아이들은 싫어한다.

Four of **the seven** children liked the idea; **the others** did not.
일곱 아이들 중 넷은 그 아이디어를 좋아하지만 나머지 전부는 그러지 않았다.
(others는 일부를 가리키고 the others 나머지 전체를 의미한다)

He likes to work for **others**. (= **other people**)
그는 다른 사람을 위해 일하는 것을 좋아한다. (others는 '다른 사람들'이란 뜻)

I don't like this cap. Show me **another**.
이 모자는 마음에 들지 않아요. 다른 것을 보여주세요. (another는 여러 개 중 다른 것)

▶ 부분부정과 전체부정

They do **not** know **everything**. (부분)
They do **not** know **anything**. (전체)

I did **not** meet **all** of them. (부분)
I did **not** meet **any** of them. (전체)

I do **not** know **both** of them. (부분)
I do **not** know **either** of them. (전체)

not+every/all/both는 **부분부정**이고 not+any/either은 **전체부정**입니다. 각 문장의 차이와 뉘앙스를 잘 관찰하기 바랍니다.

그들이 다 아는 것은 아니다. = 모르는 구석도 좀 있다.
그들은 아무것도 모른다. = 아예 아는 게 없다.

그들 모두를 만난 것은 아니다. = 일부만 만났을 뿐이다.
그들 중 누구도 만나지 않았다. = 만난 사람이 하나도 없다.

둘을 다 아는 것은 아니다. = 하나만 안다.
둘 다 모른다. = 하나도 모른다.

(5) 의문대명사

의문대명사도 명사와 마찬가지로 문장 안에서 주어나 목적어로 쓰입니다.

Who is that lady under the tree? (주어)
나무에 있는 저 여인은 누구니?

Which is longer, this bridge or that one? (주어)
이 다리와 저 다리 중 어떤 것이 더 길지? (무엇을 선택할 땐 which를 씁니다)

What did you do last sunday? (목적어)
지난 주 일요일에 무엇을 했니?

Whose notebook is that? (주어)
= **Whose** is that notebook?
저 공책은 누구 거니?

whose는 소유격이므로 명사가 딸리기도 하고 독립적으로 쓰일 때도 있습니다. 그럴 땐 '누구의 것'으로 옮깁니다.

4. 문장의 뼈대 (패턴)

문장의 패턴을 이루는 성분을 모두 다루었으므로 이제는 문장을 구성할 차례입니다. 영어 문장은 모두 다섯 가지 패턴 중 하나이므로, 다음 다섯 형태만 알면 영문의 짜임새를 파악할 수 있습니다. 문장의 뼈와 살을 구분하며 읽을 수 있는 감각을 기르려면 문장이 어떻게 구성되어있는지부터 알아야 합니다.

1형: 주어+동사	S+V
2형: 주어+동사+주격보어	S+V+SC
3형: 주어+동사+목적어	S+V+O
4형: 주어+동사+간접목적어+직접목적어	S+V+O+O
5형: 주어+동사+목적어+목적격보어	S+V+O+OC

다섯 가지 형태를 무조건 암기하지 말고 그것이 어떻게 전개되며 어떤 정보가 중요한지 살펴봅시다. 다섯 가지 패턴 중 공통된 성분 두 가지는 **주어**와 **동사**입니다. 문장을 이루는 최소 단위가 바로 주어와 동사인 셈입니다. 알다시피, 주어와 동사를 가리켜 '절(clause)'이라고 합니다.

또한 문장에서 가장 중요한 요소는 **'동사'**입니다. 문장의 개수 역시 동사의 수로 알 수 있습니다. 예컨대, 동사가 둘이면 문장이 둘이라는 얘기고, 문장이 둘이면 접속사는 반드시 하나를 써야 합니다. 콤마(,)로는 문장을 연결할 수 없습니다. 따라서 문장이 셋이면 접속사는 둘을 붙여야겠지요.

문장의 개수 = 동사의 개수
접속사의 수 = 문장의 개수 −1 = 동사의 개수 −1

주격보어와 목적격보어는 보어가 무엇을 설명하는지 파악하면 알 수 있습니다. 보어가 주어를 설명하면 주격보어이고, 목적어를 설명하면 목적보어입니다.

He remained **a beggar**.
그는 여전히 거지였다.

He made me **laugh**.
그는 나를 웃게 만들었다.

위 문장에서 'a beggar'와 'laugh'는 모두 보어입니다. 그런데 'a beggar(거지)'는 'he(주어)'를 설명하므로 주격보어이고 laugh(웃다)는 목적어인 me를 설명하므로 목적격보어라고 합니다. 그가(he) 웃은 것이 아니라 내가(me) 웃었다는 말입니다. 그는 나를 웃게 했으니까 웃은 것은 내가 됩니다.

문장이 어렵고 길수록 기본이 탄탄한 사람이 이를 읽는 데 더 유리한 법입니다. 다섯 가지 패턴을 적절히 숙달하여 문장의 틀을 파악할 수 있다면 이미 절반 이상은 끝난 셈입니다. 나머지는 어휘와 어순 및 소리의 감각만 키우면 됩니다.

CHAPTER 2. 살 붙이기

1. 형용사/
형용사절

(1) 형용사

문장에서 형용사가 어떤 역할을 하는지 살펴봅시다. 다음 문장에서 형용사를 찾아보세요.

그는 귀여웠다.
아이는 예쁜 인형을 들고 있었다.

알다시피 형용사는 '귀엽다'와 '예쁜'인데 '귀엽다'는 주어(그)를 설명하므로 서술적 혹은 (주격)보어라 하고, '예쁘다'는 명사 '인형'을 수식합니다. 인형은 많지만 그 중에서 특히 예쁜 인형만을 이야기하므로 뭔가를 **'수식한다'**는 것은 **'한정한다'**는 말과 같습니다.

A. 형용사의 기능

명사를 꾸며준다.
서술적(보어)으로 쓰인다.
명사로 쓰인다(추가적인 기능).

① 명사를 꾸민다

She has a **pretty** doll. (pretty가 doll을 수식)
그녀는 예쁜 인형을 갖고 있다.

I need a house **large enough** for my family. (large가 house를 수식)
나는 식구가 살만큼 충분히 큰 집이 필요하다.

형용사 large에 'enough for my family'가 딸려 어구가 늘어나면 뒤에서 수식합니다. 문장(절)이 명사를 꾸밀 때도 뒤에서 수식합니다. 다음 예를 봅시다.

He knows a girl **whom he likes very much**.
그는 자신을 아주 좋아하는 여자아이를 안다.

'whom he likes very much(그가 매우 좋아한다)'가 a girl을 수식합니다. 절(문장)이 명사를 꾸민다 하여 밑줄 친 부분을 **'형용사절'**이라고 합니다. 물론 형용사(구)와 다른 점은 whom이 들어갔다는 것인데 이는 다음에 차근차근 이야기하겠습니다.

② 보어로 쓰인다

The old man is still **strong**. (the old man = strong)
할아버지는 아직도 강건하다.

I found this book **easy**. (this book = easy)
이 책은 읽기가 쉽다고 생각한다.

strong은 주어(the old man)를 설명하므로 **주격보어**라고 부르며 'easy는 목적어(this book)을 가리키므로 **목적격보어**라고 합니다. 주격보어와 목적격보어가 헷갈릴 때는 '무엇이 보어하는지' 따져보면 쉽게 알 수 있습니다. 즉, 누가 strong하는지, 무엇이 easy한지 알면 무슨 보어인지 답이 나옵니다.

③ 명사로 쓰인다

The poor are not always unhappy.
가난한 자가 항상 불행한 것은 아니다.

We should be kind to **the old**.
어르신께 친절해야 한다.

형용사가 명사로 쓰이는 것은 그리스어나 히브리어에서도 찾아볼 수 있는 만큼 매우 유명한 기능입니다. **the(정관사)+형용사**의 형태이며 복수로 해석할 때가 많습니다. 관사는 명사 앞에 오는 말이므로 이를 보면 형용사가 명사로 전환되었다는 것을 알 수 있을 것입니다.

B. 분수읽기

분자는 기수로(one, two, three, four……) 분모는 서수로(second, third, fourth, fifth……) 씁니다. 분자가 2이상인 복수일 때는 서수에 복수형 어미 's'를 붙입니다.

one half / a half 2분의 1(절반)
a sixth / one sixth 6분의 1
two sevenths 7분의 2
two and three-fourths 2와 4분의 3

C. 연도와 날짜 읽기

연도는 두 자리씩 끊어서 읽되 0이 두 개면 hundred를 붙여서 말합니다.

nineteen seventy-nine	1979
nineteen hundred	1900
nineteen (hundred) (and) six / nineteen [ou] six	1906
two thousand five	2005

[ ]안에는 원칙상 발음기호를 넣으므로 0을 가리키는 "오우"라고 읽습니다. 날짜는 8월 몇 번째 날이므로 순서를 일컫는 서수(first, second, third, fourth, fifth ……)를 씁니다.

August 4th → August (the) fourth
= the fourth of August 8월 4일

D. 배수사

뒤에 -times가 붙는 말을 '배수사'라고 하며 "몇 배 더 많다 혹은 적다" 등을 표현할 때 씁니다.

배수사+as+형용사/부사+as
배수사+as+형용사+명사+as
배수사+비교급+than

주로 사용되는 패턴이니 암기하기 바랍니다.

That house is **three times as large as** this one.
That house is **three times larger than** this one.
저 집은 이 (집)보다 3배 더 크다.

I have **three times as many books as** he (has).
나는 그보다 책을 세 배 더 많이 갖고 있다.

E. 수량 형용사

수나 양을 나타내는 형용사는 셀 수 있는 명사와 셀 수 없는 명사를 구분해서 수식합니다. 다음 표를 참고하세요.

셀 수 있는 명사 앞	셀 수 없는 명사 앞	
few (a few)	little (a little)	적은
some (any)	**some (any)**	몇몇(어떤)
a lot of	**a lot of**	많은
a good (great) many	a good (great) deal of	아주 많은
plenty of	**plenty of**	많은
many	much	많은

셀 수 있는 명사 앞에 붙는 형용사는 복수 명사를 꾸밉니다. 셀 수 있느냐의 여부가 별로 중요하지 않은 공통분모에는 some과 any, a lot of, plenty of가 있습니다. 그리고 few와 little은 거의 없다는 **부정어**에 가깝고 a few와 a little은 수와 양은 적지만 조금이라도 있다는 **긍정**의 뜻입니다. 다음 예에서 좀 더 구체적으로 살펴봅시다.

He has **a lot of** books.
그에게 책이 많다.

He has **a lot of** homework.
그에게 숙제가 많다.

He has **a few** friends.
그는 친구가 몇몇 있다.

He has **few** friends.
그는 친구가 거의 없다.

I have **a little** money.
돈이 조금 있다.

I have **little** money.
돈이 거의 없다.

There are **many** students on the playground.
운동장에 학생이 많다.

We had **much** rain last summer.
작년 여름에는 비가 많이 내렸다.

I **don't** have any money. = I have **no** money. (not + any = no)
돈이 하나도 없다.

명사에 복수형 어미 s가 붙어있으면 셀 수 있는 명사이고 s가 없으면 셀 수 없는 명사입니다.

F. 비교

동사를 암기할 때 과거와 분사형을 함께 외우듯 형용사는 비교급과 최상급을 아울러 공부해두는 것이 바람직합니다. 동사도 그렇지만 형용사도 몇 가지만 외우다 보면 자신도 모르게 규칙성을 발견하게 됩니다. 일반적으로 형용사의 비교급과 최상급은 접미사를 달리 붙이면 됩니다.

비교급 -er
최상급 the+-est

than(~보다)은 비교급에 붙습니다만 "different than(~와 다르다)"을 쓰는 경우도 간혹 있습니다.

Jane is **tall**.

Jane is **taller than** Tom. (제인>톰)

Jane is **less tall than** Tom. (제인<톰)

Jane is **the tallest** girl in her class.

제인은 Tom보다 크다고 할 때는 비교급 -er than을 썼는데 그 반대말은 less than입니다. 그래서 이를 '열등비교'라고도 부릅니다. 또한 비교급은 등호가 아니라 부등호라는 점도 잊어선 안 됩니다. 그러니까 more than 2는 2이상이 아니라 3이상이라고 해야겠죠?

그럼 2이상은 영어로 어떻게 쓸까요?

2이상 = two or more (than 2)

다음 불규칙 형용사는 모양이 일정하지 않으므로 전부 암기하기 바랍니다.

(good / well)—better—best 좋다, 몸이 괜찮다

(ill/bad)—worse—worst 나쁘다, 아프다

(many/much)—more—most 많다

late—later(latter)—latest(last) 늦다

little—less—least 적다, 작다

far—farther(further)—farthest(furthest) 멀다

feel better에서 better는 good일수도 있고 well일수도 있습니다.
둘 다 비교급이 같으니까요. 물론 good과 well이 각각 다른 뜻이므로 아이디어를 문맥에 맞게 생각해야 합니다.

feel good 기분이 좋다

feel well 몸이 괜찮아졌다

→ feel better 기분이 더 좋다 / 몸이 더 괜찮아졌다

later는 **시간상** '~후'라는 뜻이고 latest는 '최근'이라고 옮기는 반면, latter는 **순서상** 다음 것이므로 '후자'라 하고 last는 '마지막'이란 뜻입니다.

그리고 farther는 **'물리적인 길이'**를, further은 **'추상적인 정도'**를 말할 때 쓰지만 요즘은 가끔 farther와 further을 혼용하기도 합니다.

G. 동등비교

이젠 수식에서 등호에 해당하는 형용사 패턴을 공부해봅시다. 동등비교 패턴은 as와 as 사이에 형용사를 넣으면 됩니다.

Tom is **as tall as** Jane. 톰은 제인만큼 크다. (톰=제인)

Tom is **not as tall as** Jane. 톰은 제인만큼 크지 않다. (톰<제인)

끝으로 최상급의 여러 가지 표현을 공부하고 형용사절로 넘어가겠습니다. 최상급의 패턴이 숙달되면 긴 문장의 아이디어도 쉽게 파악할 수 있습니다.

Esther is **the prettiest girl** in the class.
에스더는 반에서 가장 예쁘다.

최상급은 같은 말을 다르게 쓰면 그만입니다. 즉, "에스더가 반에서 가장 예쁘다."는 말은 "에스더만큼 예쁜 아이는 없다."는 말이고 "에스더보다 더 예쁜 아이는 없다."는 말도 됩니다. 뿐만 아니라 "에스더는 다른 아이보다 더 예쁘다"고 해도 뜻은 최상급이 될 것입니다. 그럼 이 세 가지를 영어로 옮기면서 일반적인 패턴을 유추해봅시다.

에스더보다 더 예쁜 아이는 없다.
→ **No** girl in the class is **prettier than** Esther.

에스더만큼 예쁜 아이도 없다.
→ **No** girl in the class is **as pretty as** Esther.

에스더는 다른 아이보다 더 예쁘다.
→ Esther is **prettier than any other** girl in the class.

이를 패턴으로 정리하면 다음과 같습니다.

부정어 + 비교급 + than
부정어 + as + 원급 + as
비교급 + than + any other + 단수

QUICK CHECK

Mt. Everest is the highest mountain in the world.
에베레스트는 세계에서 가장 높은 산이다.

________________________________ (부정어+비교급+than)

________________________________ (부정어+as+원급+as)

__________________________ (비교급+than+any other+단수)

There is no love as unselfish as parental love. (우리말로 쓰세요)

____

정답

No mountain in the world is **higher than** Mt. Everest.
No mountain in the world is **as high as** Mt. Everest.
Mt. Everest is **higher than any other mountain** in the world.

There is no love as unselfish as parental love.
= 부모의 사랑만큼 이타적인 사랑은 없다.
= 부모의 사랑이 가장 이타적이다.

(2) 형용사절(= 관계대명사절)

이번에는 절이 명사를 꾸미는 형용사절을 공부해봅시다. 형용사절은 관계대명사절로 더 유명합니다. 여기서 **관계**란 '연결한다'는 **접속사**를, 대명사는 '명사 대신 쓴 말'을 가리킵니다. 따라서 접속사와 대명사의 기능이 접목된 문장(절)을 관계대명사절이라고 합니다.

She has a **pretty** doll.
예쁜 인형을 갖고 있다.

He has a girl **whom he likes very much**.
아주 좋아하는 아이가 생겼다.

위의 두 문장은 대문자로 쓴 어구가 명사를 수식한다는 점에서 닮았습니다만 아래는 문장(절)이 a girl을 수식하므로 좀 다르다고도 볼 수 있습니다. 두 번째 예를 좀 더 구체적으로 쪼개서 따져보면 이해하기가 더 쉽습니다. 참고로 꾸밈을 받는 a girl을 '**선행사**'라고 합니다. 굳이 풀어쓰자면 '**앞에 다니는 말**'이란 뜻입니다.

A. 선행사는 수식을 받는 명사

"그에게 아주 좋아하는 아이가 생겼다."를 둘로 나누면 이렇습니다.

① He has **a girl**.
그에게 여자아이가 생겼다.

② He likes **the girl** very much.
그가 그 여자아이를 아주 좋아한다.

②에서 'the girl'은 ①의 a girl과 중복되므로 두 문장을 합할 땐 지워야합니다. 그러므로 "He has a girl."과 "He likes very much."가 연결되면 형용사절이 완성됩니다. 그런데 문장을 연결하려면 무엇이 필요합니까? 접속사가 있어야 합니다. 그리고 ②에서 단어가 삭제되었다는 표시를 해주어야한다는 것이 좀 까다로울 수 있습니다. 영

어에서 단어가 소리 소문 없이 사라지는 경우는 거의 없습니다. 꼭 '티'를 내야 한다는 말입니다.

엄밀히 말하면 the girl이 없어진다기보다는 **이를 대신하는 말**을 쓴다고 하는 편이 더 정확합니다. 따라서 두 문장을 합하려면 연결하는 **접속사**와 **대명사**가 필요합니다.

He has a girl. + He likes the girl very much.
(a girl과 the girl이 중복된다)

↓

He has a girl. + He likes very much.
(중복된 말은 지우고 대명사와 접속사를 붙인다)

↓

He has a girl **whom** he likes very much. (완성)

여기서 whom의 기능은 무엇입니까? 가운데서 두 문장을 연결하고 the girl을 대신 쓴 말이므로 대명사의 역할도 하고 있습니다. 즉, 접속사(관계)와 대명사를 겸하므로 whom을 관계대명사라고 부릅니다. 관계대명사는 모양이 여럿인데 흔히 쓰는 것은 who와 that, which, whose이며, whom은 생략하는 경우가 많아 보기가 쉽지 않습니다.

모양이 다르다는 것은 쓰는 경우가 따로 있다는 뜻입니다. 우선 위의 예에서 중복된 말의 문장성분('어'로 끝나는 말)이 무엇인지 알아야 합니다. 주어인지 목적어인지 소유격인지를 따져야 한다는 말입니다. the girl(그 여자아이를)은 **목적어**이므로 **목적격 관계대명사**를 써야 합니다. 또한 선행사(꾸밈을 받는 말)가 사람인지 아닌지도 봐야합니다.

처음에는 너무 복잡하게 느껴지지만 그 덕택에 문장을 정확하게 표현하고 읽을 수 있다는 장점이 있으니 끈기를 갖고 공부하기 바랍니다. 히브리어에서는 관계대명사가 "아쉐르" 하나뿐입니다(기초문법에서). 그래서 쉽다고 좋아라할지 모르지만 관계대명사절이 수식하는 명사를 파악하는 것이 영어에 비해 어려울 수도 있습니다. 차근차근 관계대명사를 정리해보고 몇 가지 문장으로 이를 연습해봅시다.

B. 관계대명사

	주격	목적격	소유격
사람	who	whom	whose
사물	which	which	whose
둘다	that	that	

'These shoes were well.'과 'They will last for at least two years.'를 연결하시오.

These shoes wear well. + **They** will last for at least two years.

↓

These shoes were well. + (   ) will last for at least two years.
(These shoes = they)

↓

These shoes were well. + **WHICH** will last for at least two years.
(중복된 말은 지우고 대명사와 접속사를 붙인다)

↓

These shoes **which will last for at least two years** were well.
(관계대명사절이 선행사 바로 뒤까지 이동한다. 수식어와 피수식어는 붙어있는 것이 바람직하기 때문)

These shoes which will last for at least two years were well. (완성)
최소 2년은 지속될 이 신발은 좋다.

QUICK CHECK

다음 두 문장을 하나로 연결하시오.

I have a knife.
The knife cuts well.
= ______________________________

I had a girl.
Her name was Dana.
= ______________________________

I know a girl.
My mother taught the girl how to play the piano.
= ______________________________

정답

I have a knife. + The knife cuts well.
= I have a knife **WHICH** cuts well.

I had a girl. + Her name was Dana.
= I had a girl **WHOSE** name was Dana.

I know a girl. + My mother taught the girl how to play the piano.
= I know a girl **WHOM** my mother taught how to play the piano.

C. 관계대명사 앞에 쉼표가 있을 때와 없을 때

관계대명사 앞에 콤마가 있느냐, 없느냐에 따라 의미가 크게 달라집니다. 쉼표(콤마)가 있으면 그 자리에서 쉬어야 하고 없으면 명사(선행사)를 꾸민다고 생각하면 됩니다. 다음 두 예문을 비교해보면 쉽게 이해할 수 있을 것입니다. 서로 어떻게 다른지 살펴봅시다.

Mr. Brown had two daughters, **who** became nurses.
Mr. Brown had two daughters **who** became nurses.

알다시피 쉼표는 끊어 읽으라는 표시입니다. 그러니까 "브라운씨에게 딸이 둘 있다"에서 끊고 난 후 who 이하를 읽으면 됩니다. 그 **두 딸이 간호사가 되었군요**. 그럼 두 번째는 어떻게 다를까요? 쉼표가 없으니 곧바로 선행사를 꾸며서 읽어야 합니다. 꾸민다는 말은 한정한다는 말일 테니 **간호사가 된 딸이 둘 있다**고 보면 됩니다. 두 문장은 어떻게 다릅니까?

첫 번째 문장의 브라운씨는 딸이 둘 뿐인데 두 번째의 브라운씨는 딸이 둘보다는 많다는 것을 알 수 있습니다. 여러 딸 중에 간호사가 된 딸이 둘이라고 한정하는 문장이므로 콤마를 찍지 않았다는 얘깁니다. 다음 문장도 차이를 맞혀보기 바랍니다.

I will not wear any clothes **which** will tell myself from others.
I will not wear any clothes, **which** will tell myself from others.

"나는 내 자신과 남을 구별하는(tell) 옷은 입지 않겠다"는 말이 첫 번째 예문입니다. 그런데 두 번째는 **"나는 어떤 옷도 입지 않겠다(벌거벗고 다니겠다)"**에서 끊어집니다. 그러고 나서 **"그것이 나를 남과 구별해줄 것이다"**로 연결됩니다.

D. 관계대명사 생략

언어의 경제성을 살리기 위해 관계대명사를 생략하는 경우는 다음 두 가지입니다.

1. 목적격 관계대명사
2. 주격관계대명사+be동사

This is the farmer **(whom)** I met in the field.
이 사람은 내가 밭에서 만난 농부다.

The movie **(which)** I saw yesterday was interesting.
어제 본 영화는 재미있었다.

목적격 관계대명사 whom이 생략된 문장입니다. 첫째 예문에서 괄호를 지우면 "This is the farmer I met in the field."가 되므로 **(대)명사 다음에 주어와 동사**가 나왔다면 관계대명사가 생략되었을 가능성이 매우 큽니다.

The watch **(which is)** on the table / is hers.
테이블 위의 시계는 그녀의 것이다.

Look at the boy **(who is)** sleeping under the tree.
나무아래서 자는 사내를 보아라.

사실 which is나 who is는 군더더기에 불과하므로 차라리 쓰지 않는 편이 낫습니다. which is를 없애면 the watch를 on the table이 직접 꾸민다고 해석해도 되니까요. 아래 예도 마찬가지입니다. the boy를 sleeping이 수식한다고 해도 아무런 문제가 되지 않습니다.

E. 전치사의 이동

문장 끝에 붙은 전치사는 관계대명사 앞으로 이동할 수 있습니다. 다음 두 문장을 연결하면서 전치사 이동을 공부해봅시다.

That is the village.
He lives in it.

That is the village. + He lives in (   ).
(the village와 it이 중복되므로 목적어 it를 생략하고 관계대명사 which를 붙인다)

↓

That is the village WHICH He lives IN.
(전치사 IN은 관계대명사 앞으로 이동할 수 있다)

↓

That is the village IN WHICH He lives.
(전치사+관계대명사는 장소를 뜻하는 관계부사 WHERE로 바꿀 수 있다)

↓

That is the village WHERE He lives.

전치사는 관계대명사 앞에 올 수 있다.
전치사+관계대명사는 관계부사로 바꿀 수 있다.

F. 선행사를 포함하는 관계대명사와 복합관계대명사

다음 예문을 보겠습니다.

We love **what** is true.

겉모습을 관찰해보니 love의 목적어가 보이지 않는 듯합니다. 대체 무엇을 사랑한다는 건지 감이 오지 않죠? what은 관계대명사인데 앞에서 공부했던 것은 아닙니다. 결론부터 말하자면, 선행사가 없다는 것은 **그것이 관계대명사에 포함**되었다는 뜻입니다. 선행사를 생략하는 경우는 없으니까요. 그래서 전혀 다른 what을 쓴 것입니다. 이처럼 선행사가 포함된 what은 "~한 것"으로 옮기면 얼추 맞습니다. 따라서 예문은 "우린 진실한 것을 사랑한다."고 해석하면 됩니다.

What he said is true.
그가 말한 것은 사실이다.

This is **what** I don't understand well.
이것이 내가 잘 이해하지 못하는 부분이다.

끝으로 관계대명사에 ever를 붙이면 **복합관계대명사**가 됩니다. 복합관계대명사도 선행사를 포함하므로 따로 쓰지 않습니다.

Whoever may come here, you must be kind to him.
= **Anyone who** may come here, you must be kind to him.
누가 이곳에 오든 그에게 친절해야 한다.

I will give you **whatever book** you want to read.
= I will give you **any book** that you want to read.
네가 읽고 싶은 책은 무엇이든 주겠다.

You may invite **whomever(=anyone whom)** you like.
= You may invite anyone whom you like.
네가 좋아하는 사람은 누구든 초대해도 좋다.

2. 부사/관계부사

(1) 부사

부사란 **동사나 형용사 및 다른 부사를 꾸미는 말**을 가리킵니다.

그 사과는 **매우** 크다. The apple is **very** big.
(형용사 big을 수식)

풀은 **빨리** 말랐다. The grass dried **quickly**.
(동사 dried를 수식)

낙지는 **아주** 느리게 달린다. An octopus runs so **slowly**.
(부사 slowly를 수식)

그뿐 아니라 대개 문장 앞에서 독립적으로 쓰이는 경우도 있습니다.

다행히, 그들은 죽지 않았다. **Happily**, they did not die.

A. 부사 만들기

형용사를 부사로 만들려면 끝에 -ly를 붙이면 됩니다.

quick – quick**ly**
careful – careful**ly**
happy – happ**ily** (y는 i로 고치고 ly를 붙인다)
gentle – gent**ly** (마지막 e는 생략하고 ly를 붙인다)

그런데 형용사와 부사의 모양이 같을 땐 –ly를 붙이면 뜻이 달라집니다. 이를테면, high나 near, late, hard 등은 형용사와 부사의 기능을 겸하고 있어 –ly를 붙이면 의미가 달라집니다.

high 높은/높이
highly 매우

near 가까운/가까이
nearly 거의

hard 딱딱한/열심히
hardly 거의 아니다

late 늦은/늦게
lately 최근

이밖에 long, fast, early 등도 형용사와 부사의 모양이 같습니다.

B. 빈도부사

아래에 열거한 단어는 "무엇을 **얼마나 자주** 하느냐"를 표현하는 빈도부사입니다.

usually(주로), sometimes(때때로), always(항상), often(종종), hardly(거의 않는다), never(전혀 않는다) ……

빈도부사는 위치가 고정된 것은 아니지만 대부분 **be동사나 조동사 뒤에, 일반동사 앞에** 옵니다.

He **always** comes in time. (일반동사 앞)
She is **sometimes** late for school. (be동사 뒤)
I could **never** see her again. (조동사 뒤)

C. 부사가 둘 이상 겹칠 때

부사가 두개 이상 겹칠 때는 (장소+방법+시간), (작은 단위+큰 단위 시간) 순으로 배열합니다.

They arrived **here**(장소) **safely**(방법) **last night**(시간).
He will leave Seoul at **twelve**(작은 단위) **this Sunday**(큰 단위).

D. 부사의 비교/최상급

비교를 두고는 형용사와 방법은 같지만 최상급 앞에 the는 붙이지 않습니다.

This morning I got up **earlier** than yesterday. (비교급)
오늘 아침에는 어제보다 더 일찍 일어났다.

She drives a car **most carefully** of her family. (최상급)
그녀는 가족 중에서 가장 조심스레 운전한다.

E. 기타

① too / either / neither / nor

He is an engineer, **too**. = He is also an engineer.
그도 엔지니어다.

He is **not** an engineer, **either**. = Neither is he an engineer.
그도 엔지니어가 아니다.

too와 either는 '**~도 또한 그렇다**'로 뜻은 같습니다만 too는 긍정문에 either는 부정문에서 쓰입니다. 또한 neither와 nor는 각각 either와 or에서 파생된 말로, neither는 not either로, nor는 and not either로 바꿔 쓸 수 있습니다.

neither = not either
nor = and not either

He can speak **either** english **or** french.
그는 영어 아니면 프랑스어를 할 줄 안다.

She does**n't** like coffee. **Neither do I**. (=I don't like it, either.)
그녀는 커피를 좋아하지 않아요. 나도 좋아하지 않아요.

② enough

enough는 '~만큼 충분하다'는 뜻으로 **형용사 뒤, 명사 앞**에 위치하며 so+**형/부**+that+**주어**+can으로 바꾸어 쓸 수 있습니다.

He has **enough** money to buy a car.
그는 차를 살 만큼 충분한 돈이 있다.

He is **rich enough** to buy a very expensive car.
= He is **so** rich **that** he **can** buy a very expensive car.
그는 럭셔리 세단을 살 만큼 부유하다.
= 그는 부유해서 럭셔리 세단을 살 수 있다.

This book is **easy enough** for us to read.
이 책은 우리가 읽을 수 있을 만큼 쉽다.

③ so+동사+주어

앞 문장의 내용에 비추어 '주어도 그렇다'는 뜻입니다.

He likes apples. **So do I**. (=I like apples, too.)
그는 사과를 좋아한다. 나도 그렇다.

④ there

be동사와 함께 존재를 나타냅니다. there는 맨 앞으로 도치되어 주어와 동사가 자리를 바꾼다는 점이 중요합니다. 주어가 단수이면 am/is(현재)/was(과거)이고 복수이면 are(현재)/were(과거)이 된다는 것도 알아둡시다.

There are / a few boys / under the tree.
있다 / 소년 몇 명이 / 나무 아래

There were / two students / **there**.
있었다 / 두 학생이 / 거기에

(2) 관계부사

A. 의문사

의문사란? who누가, when언제, where어디서, what무엇을, how어떻게, why왜, 즉 육하원칙을 일컫는 어구로 맨 앞에서 의문문을 유도하거나 간접의문문을 만들 때 쓰입니다.

① 의문사가 있는 의문문

Who are you, people? 누구시오?
When did you come here? 언제 왔어?
Where am I? 여기가 어디지?
What are friends for? 친구 좋다는 게 뭐겠어?
How did you get this? 이걸 어떻게 구했지?
Why are you laughing at me? 왜 비웃는 거야?

알다시피, 의문사가 오면 주어와 동사는 자리를 바꾸고, **how+형용사(혹은 부사)**로 연결되면 **'정도'**를 나타내는 말로 뜻은 '얼마나 ~' 혹은 '몇'으로 달라집니다.

How many are there in your family? 가족은 몇 명이니?

② 의문사가 포함된 명사절

명사절(주어나 목적어 혹은 보어가 되는 절)에서는 항상 **의문사+주어+동사**로, 의문사가 주어일 경우에는 **의문사+동사** 순으로 씁니다.

Do you know **where his father is**?
→ Do you know? + Where is his father?

Do you know **where he went**?
→ Do you know? + Where did he go?

I don't know **who is living next door to us**.
→ I don't know. + Who is living next door to us?

여기서 한 가지 주의해야 할 점은 '생각'을 뜻하는 think, believe, guess, suppose를 쓸 땐 **의문사를 맨 앞으로** 보낸다는 것입니다.

How old do you think(guess, suppose) I am?
내가 몇 살이라고 생각합니까?

Do you think how old I am? (×)
Do you know how old I am? (○)

B. 관계부사

앞서 언급했듯이, 관계란 접속사를 뜻하므로 관계부사는 부사의 기능과 문장을 연결하는 접속사의 기능을 겸비한 것으로 이해하면 됩니다.

① 관계부사의 종류

a. 장소와 시간, 이유 및 방법을 일컫는 '선행사'에 따라 where, when, why, how로 나눕니다.

This is the house **where** she lives.
I don't remember the day **when** Mr. Kim left Seoul.
Do you know the reason **why** he didn't come?
Tell me the way **(혹은 how)** you solved the problem.

위 문장에서 동사는 모두 두 개입니다. 동사가 둘이라는 것은 문장이 둘이므로 접속사가 있어야 하고 장소나 시간 및 방법 등을 뜻하는 부사가 결합되어야 하므로 관계부사를 써야 합니다. **관계부사절은 선행사를 설명한다**고 생각하면 됩니다. 그러면 예문을 하나씩 살펴보겠습니다.

This is the house / **where** she lives.
= This is the house in which she lives.

이곳이 그 집인데, 무슨 집이냐면 그녀가 사는 집이란 얘깁니다. 장소를 뜻하는 where는 전치사+관계대명사(in which)로 바꿔 쓸 수도 있습니다.

I don't remember the day / **when** Mr. Kim left seoul.
그 날이 기억나지 않는데, 어떤 날이냐면 김 씨가 서울을 떠난 날을 일컫습니다.

Do you know the reason / **why** he didn't come?
너는 이유를 아니? (어떤 이유냐면) 그가 오지 않은 이유 말이야.

Tell me the way **(혹은 how)** you solved the problem.
방법을 말해주겠니? 어떤 방법이냐면 그 문제를 푼 방법 말이야.
(앞선 예와는 달리, the way(선행사)와 how는 함께 쓸 수 없다는 것도 유념해야 합니다.)

b. '-ever'가 붙으면 복합관계부사로 선행사를 따로 쓰지 않습니다(선행사가 포함됐기 때문).

He gets lost **wherever** he goes.
= He gets lost **at any place where** he goes.
그는 가는 곳마다 길을 잃는다.

He is busy **whenever** I call on him.
= He is busy **at any time when** I call on him.
그는 내가 잠깐 들를 때마다 바쁘다.

You cannot beat him, **however** hard you may try.
= You cannot beat him **no matter how** hard you may try.
너는 아무리 노력해도 그를 이길 수 없다.

3. 전치사

전치사는 '앞전(前)'에 '둘치(置)' 및 '말씀사(詞)'로, '(명사) 앞에 두는 말'을 일컫습니다. 여기서 알아두어야 할 점은 크게 세 가지입니다.

(1) 전치사의 용법

A. 전치사 다음에는 목적격을 쓴다.

그래서 '전치사의 목적어'라고 부릅니다.

Listen to **me** carefully.
Look at **her**.

B. 전치사의 목적어가 동사일 땐 동명사로 바꾼다.

목적어는 명사가 돼야 하므로 동사는 쓸 수 없습니다. 따라서 동사를 명사로 바꾼 말인 동명사를 써야 합니다.

Before going to bed, you must brush your teeth.
Thank you very much **for inviting** me.

C. 전치사는 부사 또는 접속사의 구실을 할 때도 있다.

We played tennis **after school**.
방과 후 테니스를 쳤다.

after는 다음에 명사 school이 왔으므로 전치사 구실을 합니다.

We played tennis **after school was over**.
방과 후 테니스를 쳤다.

School was over는 주어와 동사를 갖춘 절(문장)이므로 after는 접속사 기능을 합니다.

I have met him before.
전에 그를 만난 적이 있다.

before이 독립적으로 쓰였으므로 이를 부사 기능이라고 합니다.

(2) 전치사의 재분류

A. 시간 time

① on / in / at

가장 기본적인 단위로 하루 일정을 생각해봅시다. 먼저 요일과 아침, 점심과 저녁, 그리고 구체적인 시간을 들 수 있겠죠. 여기서 요일에 해당되는 전치사는 on이고 끼니때와 시간은 각각 in과 at을 씁니다.

on friday / weekend(주말)
on saturday / march 12th(3월 12일)

in the morning
in the evening

at noon / night / the moment = present(지금)
at 10 o'clock

한 가지 더 덧붙이자면 '금요일 아침'은 전치사 on을 씁니다(on Friday morning). 그러면 좀더 범위를 넓혀 **달**(month)과 **해**(year)로 가면 다시 in이 됩니다.

in april 4월
in (the) winter 겨울(달이 모이면 계절)
in 1999
in the 1970s (1년이 10개 모여 1970년대)
in the 18th century (1년이 100개 모이면 세기)

'정관사에 연도+s'가 붙으면 10년 단위(decade)라고 생각해야 합니다. 따라서 예문의 the 1970s는 1970년부터 79년까지를 가리킵니다. (the 1900s = 1900~1909년)

이번에는 시간과 관련된 전치사 중 헷갈리기 쉬운 것을 둘 씩 비교해봅시다.

② **in time** vs **on time**

Will you be home **in time for dinner**? (=soon enough for dinner)
저녁 먹게 일찍 들어오렴.

The 11:45 train left **on time**. (=it left at 11:45)
11:45분 열차가 정시에 떠났다.

in time은 무언가를 '좀더 일찍' 한다는 뜻이며 on time은 '바로 그 시각'을 일컫습니다.

③ **for** vs **during**

I've lived in this house **for six years**.
이 집에서 6년째 살고 있다.

We watched television **for two hours** last night.
어젯밤 텔레비전을 두 시간 봤다.

It rained **during three days** without stopping. (×)

I fell asleep **during the movie**.
영화를 보다가 잠들었다.

We met a lot of interesting people **during our vacation**.
휴가를 보내면서 재미있는 사람을 많이 만났다.

for는 대개 **숫자**가 동반될 때, during은 기간을 나타낼 때 쓰는 전치사입니다.

④ **by** vs **until**

We'd better hurry. We have to be home **by 5 o'clock**.
서둘러야겠어. 5시까지는 집에 들어가야 하니까.

I'll have finished my work **by 11 o'clock**.
11시까지는 끝낼 거야.

Sue will be away **until Monday**.
수는 월요일까지 해외출장 갈 거야.

I'll be working **until 11 o'clock**.
11시까지 근무야.

우리말로 옮기면 둘 다 '~까지'가 되어 차이를 구별하기가 쉽지 않을 것입니다만 예문을 유심히 관찰하면 뉘앙스가 확연히 다르다는 것을 알 수 있습니다. 첫 번째 문장에서 화자는 5시까지 집에 들어가야 한다고 말합니다. 이때 by를 쓴 이유는 5시 전에 들어가도 문제될 것이 없기 때문입니다. 즉, by는 **그 시간을 넘지만 않으면 문제 삼을 일이 없을 때** 씁니다. 반면, until은 **그 시간을 다 채운다**는 뉘앙스로, 만일 수(Sue)가 해외출장을 월요일까지 채우지 않고 일요일날 귀국하지는 못한다는 말이 됩니다. 이와 마찬가지로 11시까지 근무인 사람이 10시에 퇴근하면 안 되는 것과 같은 이치입니다.

⑤ 기타

We give each other presents **at Christmas.** (국가 공휴일)
크리스마스에는 서로에게 선물을 준다.

Ann and I arrived **at the same time.** (동시에)
앤과 나는 동시에 도착했다.

Tom left school **at the age of 16(=at 16)**. (나이)
톰은 16세에 학교를 떠났다.

I'm going away **at the beginning of May**. (5월 1일)
5월 1일에 떠날 참이다.

At the end of the concert, there was great applause.
(at the end=~이 끝나)
콘서트가 끝나자 박수갈채가 쏟아졌다.

Jack went away. he'll be back **in a week**. (in=후에)
잭은 출장 가서 일주일 후에나 올 것이다.

I learned to drive **in four weeks**. (in=동안)
운전을 4주간 배웠다.

It's not worth going shopping now. **By the time** we get to the stores, they will be closed. (by the time=~할 무렵에는)
지금 장을 보러가야 소용없다. 매장에 닿을 때쯤엔 문을 닫을 테니까.

B. 공간 space

① on / in / at

가장 흔한 공간개념으로 풀이하자면 on은 '물체가 면에 **붙어**있을 때' 씁니다.

There's a butterfly **on the wall(on the ceiling/on your nose)**.
나비가 벽에 (붙어)있다(천정에/코에).

Have you seen the notice **on the bulletin board**?
게시판에 (붙은) 공지 보셨나요?

그리고 in과 at은 장소를 가리킬 때 쓰이며 뉘앙스는 좀 다릅니다. in이 테두리가 분명한 **'공간 안'**의 개념이라면 at은 '안'이 아니라 **'지점'**을 일컫습니다.

There's no one **in the room(in the building / in the store)**.
방(빌딩/매점)(안)에는 아무도 없다.

The children are playing **in the garden(in the park)**.
아이들이 정원(공원)(안)에서 논다.

Who is that man standing **at the bus stop(at the door/at the window)**?
버스정류장에(문에/창가에) 서있는 저 사람이 누구지?

Turn left **at the traffic light**.
신호등에서 좌회전해라.

앞선 예와 같이 공간에 대한 전치사 구문을 비교해봅시다.

② in front(back) of / in the front(back) of

The car is **in front of** the truck. (트럭 앞)
The truck is **in back of** the car. (승용차 뒤)
The woman is **in the front of** the car. (승용차 앞좌석)
The man is **in the back of** the car. (승용차 뒷좌석)

겉보기에는 별 차이가 없을 듯싶으나, 정관사(the)가 붙느냐에 따라 지칭하는 대상은 완전히 달라집니다.

③ in the corner / at(on) the corner

The television is **in the corner of the room**. (안쪽 귀퉁이)
텔레비전은 방 안쪽 귀퉁이에 있다.

There is a telephone booth **at(on) the corner of** the street. (길 모퉁이)
공중전화는 길 모퉁이에 있다.

④ by+교통/결제수단

"How did you go to Paris?" "**By plane**." (by+교통수단)
"파리는 어떻게 갔습니까?" "비행기로요."

Did you come here **by car or on foot**? (차량은 by고 두 발로 가면 on)
여기에 승용차로 오셨습니까? 걸어오셨습니까?

Did you **pay by check or in cash**? (수표는 by, 현금은 in, 전치사에 유의할 것)
수표로 결제하시겠습니까? 현금으로 하시겠습니까?

⑤ 기타

We hadn't arranged to meet. We met **by chance.** (우연히)
사전에 만나기로 한 것이 아니라 우연히 만났다.

Have you read any books **by Tolstoy**? (저작자)
톨스토이가 쓴 책을 읽어봤는가?

We stopped for lunch in a village **on the way to** Rome. (~에 가는 도중)
로마로 가는 도중에 잠시 점심식사차 마을에 들렀다.

Were there many people **at the party(at the meeting)**? (파티나 모임)
파티(모임)에 사람이 많았니?

I saw Jack **at the football game**(at the concert) on Saturday.
(경기장/콘서트장)
일요일날 풋볼 경기장(콘서트장)에서 잭을 봤다.

I'll be **at work** until 5:30. (직장에)
5시 30분까지 직장에 있을 거야.

Can you see me **at the airport**? (공항)
공항에서 볼 수 있을까?

Have you ever worked **on a farm**? (농장)
농장에서 일한 적이 있니?

She's majoring in economics **at Los Angeles city college.** (대학)
그녀는 로스앤젤레스 시티 대학에서 경제학을 전공하고 있다.

We went to a concert **at the Arts Center.** (개최지)
우린 아트센터에서 개최하는 콘서트에 갔다.

"Where were you last night?" "**at the theater.**" (행위를 가늠할 수 있는 장소)
"어젯밤 어디에 있었니?" "극장에요(영화를 봤죠)."

When did you arrive **in Japan(in Tokyo)**? (국가/도시)
일본(도쿄)에 언제 왔니?

What time did you arrive **at school(at work/at the hotel/at the party)**?
언제 학교(직장/호텔/파티)에 왔니?

I opened the door and **went into the room.** (into 안으로)
문을 열고 방에 들어갔다.

In my opinion the film wasn't very good. (의견)
내 생각엔 영화가 별로였어. (according to my opinion은 틀림)

I didn't watch the game **on television**. I listened to it **on the radio**. (방송매체)
게임을 텔레비전에서 본 것이 아니라 라디오에서 들었다.

I've put on a lot of weight. I'll have to go **on a diet**.
체중이 많이 늘어서 다이어트(식이요법) 좀 해야겠어.

The railroad workers are **on strike**. (파업 중인)
철도청 직원이 파업 중이다.

Did you go to Paris **on business** or **on vacation**? (출장이나 휴가차)
파리에는 출장차 가십니까? 아니면 휴가차 가십니까?

4. 준동사

(1) 부정사 · 분사 · 동명사

동사에 '준'이 붙었습니다. 준(準)은 접두사로 '어떤 본보기에 따라 비길 만한 것을 표하는 말'을 일컫습니다. 그 예로는 '준교사,' '준결승' 및 '준급행' 등이 있습니다. **준동사는 동사가 모양이 달라지면서 다른 기능을 갖게 된 말**이므로 품사로 따지면 **준동사는 동사가 아닙니다.**

준동사 → 부정사, 분사, 동명사

준동사에는 **부정사**와 **분사** 및 **동명사**가 있는데 이를 함께 묶어서 학습하는 것이 가장 바람직할 듯싶습니다. 각자의 모양과 기능을 유심히 살펴본다면 공부하는 데 크게 어려움은 없을 것입니다.

(2) 준동사의 모양

부정사는 동사의 기본형에 to를 앞에 붙이거나 **기본형** 그대로 두고, 동명사는 끝에 ing를 붙여 완성합니다. 그리고 분사는 **현재분사**와 **과거분사**로 나누는데 각각 ing와 ed를 붙입니다.

부정사	분사	동명사
to+동사원형	동사원형+ing	동사원형+ing

그럼 다음 문장에서 준동사를 찾아봅시다.

Sara wants **to travel** across Europe. (to부정사)
To come in contact with new people is exciting. (to부정사)
Learning a foreign language takes a lot of time and effort. (동명사)
I've heard some **surprising** news. (현재분사)
Born of the same parents, they don't resemble each other. (과거분사)

(3) 준동사의 기능

동명사는 동사가 '명사'로 바뀐 말을 가리키고 **동사가 '형용사'로 변한 말은 분사**라고 합니다. 그런데 부정사는 기능이 매우 다양하여 문맥 속에서 결정되므로 딱히 품사를 짚어낼 수가 없습니다. 한편, 분사를 두고는 '과거'와 '현재'로 나누지만 형용사처럼 쓰이므로 시제와는 아무런 관계가 없다는 점을 염두에 두기 바랍니다.

모양새가 동사의 과거형과 닮았다하여 그렇게 붙였는지도 모르겠습니다. 그래서 필자는 '능동분사'와 '수동분사'로 용어를 번갈아가며 쓸 생각입니다. 이를 정리하자면 다음과 같습니다.

동명사: 명사
부정사: 명사, 형용사, 부사
분사(능동분사/수동분사): 형용사

A. 명사로 쓰인 동명사(ing)와 to부정사

동명사와 부정사는 명사처럼 쓸 수 있습니다. 앞서 언급했듯이, 문장에서 **주어**와 **목적어** 및 **보어**로 쓰이는 말을 두고 필자는 '명사'적인 기능이라고 이야기한 바 있습니다. 따라서 동명사와 부정사는 문장에서 주어와 목적어 및 보어로 쓰입니다.

① 주어

To err is human, **to forgive** is Divine.
잘못을 저지르는 쪽은 인간이고 용서하는 쪽은 하나님이다.

동사 앞에 오는 부정사는 대개 주어일 가능성이 높습니다. 'err(잘못을 저지르다)'이 to를 만나 주어가 되었으므로 우리말로는 '잘못을 저지르는 것은'으로 해석합니다. 'to forgive(용서하는 것)'도 주어입니다.

Living a healthy life is only one aspect of a successful life.
건강한 삶을 사는 것은 성공적인 삶의 일면에 지나지 않는다.

동명사 'living a healthy life(건강한 삶을 사는 것은)'가 주어로 쓰인 문장입니다. 엄밀히 말해 준동사는 동사가 아니지만 그에서 파생된 탓에 동사의 성질을 완전히 버리진 않았습니다. 그래서 본문처럼 목적어가 딸릴 수도 있습니다.

To come in contact with new people is exciting.
새로운 사람을 만나는 것은 설레는 일이다.

그런데 to부정사에 몇 가지 단어가 딸려 나오면 주어를 뒤로 보내는 경우가 많습니다. 이때 주어 자리에 생기는 공백은 it이 차지하며 이를 "가주어"라고 합니다.

→ **It** is exciting **to** come in contact with new people.

이처럼 it과 to부정사가 함께 나올 땐 주어가 to부정사란 점을 염두에 두고 글을 읽기 바랍니다.

② 목적어

He decided **to participate in** the trade show.
그는 박람회에 참석하기로 결정했다.

I enjoy **reading** his blog.
나는 그의 블로그를 즐겨 읽는다.

to participate는 decided의 목적어로, reading은 enjoy의 목적어로 쓰였습니다. 물론 목적어로 to부정사를 쓰느냐, 동명사를 쓰느냐는 동사가 결정하므로 서로 바꿔 쓰지 않도록 해야 합니다. 이를테면,
want는 to부정사 목적어를 써야지 동명사를 쓴다면 규칙에 맞지 않으므로 말이 어색하게 들릴 것입니다.

I **want to** meet him.
그를 만나고 싶다.

I **plan to** volunteer at a homeless center this morning.
오늘 아침 홈리스 센터에서 자원봉사할 계획이다.

I **hope to** start my own business as soon as possible.
될 수 있는 한 빨리 회사를 창업하고 싶다.

I **promised to** do anything that she asked.
그녀가 원하는 것은 무엇이든 하기로 약속했다.

I **expect to** see her again.
그녀를 다시 만날 작정이다.

He **avoided** answer**ing** it by laughing.
그는 웃음으로 답변을 피했다.

He has just **finished** do**ing** homework.
숙제를 방금 끝냈다.

He **gave up** achiev**ing** his goal.
목표 달성을 포기했다.

He **put off** do**ing** his task.
업무를 미뤘다.

Do you **mind** smok**ing** here? (*mind는 "싫어한다"는 뜻)
담배를 피워도 될까요?

하지만 다음 동사의 목적어는 둘 중 어느 것을 써도 무방합니다.

begin, start, like, love, continue, hate

즉, 부정사와 동명사는 모두 'begin'의 목적어가 될 수 있으며 동사의 의미 또한 달라지지 않습니다.

I **began to** tell a lie.
I **began** tell**ing** a lie.
나는 거짓말을 하기 시작했다.

이를 암기하는 요령은 연애하다가 헤어진 경우를 떠올리면 됩니다.

연애를 **시작했다**(begin, start). 상대를 **좋아하다가**(like) 사랑하게 **되었다**(love). 하지만 **계속 그러다가**(continue) **싫어졌다**(hate).

끝으로, 둘 다(동명사나 부정사) 목적어로 쓸 수는 있으나 의미가 달라지는 사례를 살펴봅시다.

The runner **tried to catch** up with the other competitors.
주자는 다른 선수를 따라잡으려고 애썼다.

Have you **tried eating** the same food for a week?
일주일간 같은 음식을 먹어본 적이 있습니까?

'try+to**부정사**'는 "무엇을 하려고 애쓴다."는 뜻이고 '**try+동명사**'는 "(시험삼아) 무엇을 해본다."는 뜻입니다. 부정사를 쓰면 무언가를 성취했는지 여부는 분명치가 않습니다. 즉, 예문에서 선수를 따라잡았는지 그러지 못했는지는 알 수 없다는 얘깁니다.

She **remembered(forgot) to bring** the digital camera today.
디지털 카메라를 가져가야겠다는 생각이(가져간다는 것을 깜빡했다) 떠올랐다.

She **remembered(forgot) bringing** the camera.
카메라를 가져왔다는 것을 기억해냈다(가져왔었다는 기억이 없었다).

remember(forget)+to**부정사**는 "앞으로 해야 할 일을 기억한다(잊었다)."는 뜻이고 remember(forget)+**동명사**는 "이미 지난 일을 기억한다(잊었다)."는 뜻입니다.

We were hungry, so we **stopped to eat** lunch.
배가 고파서 점심을 먹으려고 가던 길을 멈추었다.

My friend recently **stopped eating** meat.
친구는 최근 육류 섭취를 중단했다.

stop+to**부정사**는 "무엇을 하려고 가던 길을 멈추었다."는 뜻인 반면 stop+**동명사**는 "무엇 하는 것을 중단했다."는 뜻입니다.

그럼 앞서 일러준 내용을 다시 정리해봅시다.

▶ to부정사가 목적어인 동사
hope, want, expect, choose, decide, plan, pretend + (to부정사)

▶ 동명사가 목적어인 동사
mind, enjoy, give up, avoid, finish, admit, put off + (동명사)

▶ 둘 다 목적어로 쓸 수 있는 동사
begin, start, like, love, continue, hate + (to부정사/동명사)
remember, forget, try, stop + (to부정사/동명사) (단, 의미는 달라짐)

③ 보어

우리말에서 "이다" 앞에 오는 말을 보어라고 하듯, 영어에서도 be동사 다음에 나오는 말은 대부분 보어입니다(물론 다는 아닙니다).

My dream is **to be** a teacher. (my dream = to be a teacher)
내 꿈은 교사가 되는 것입니다.

My hobby is **taking** pictures of animals. (my hobby = taking pictures)
내 취미는 동물의 사진을 찍는 것입니다.

두 문장은 부정사와 동명사가 문장의 보어로 쓰인 사례이며, 각각 **주어를 설명하므로 주격보어**입니다. 하지만 다음 문장의 보어는 좀 다릅니다.

My father wanted me **to finish** the work by noon.
(me = to finish the work)
아버지는 내가 정오까지 일을 끝내길 바라신다.

누가 '부정사'하는지 그 주체를 따져보면 부정사가 주격보어인지 목적격인지 알 수 있습니다. 위 예문에서는 누가 일을 끝냅니까? 아버지입니까, 나입니까? 내가 끝내는 것이므로 **목적격보어**가 됩니다.

B. 형용사로 쓰이는 부정사와 분사

형용사란 **명사를 수식**하거나 **보어**로 쓰이는 말을 일컫습니다. 분사와 마찬가지로 부정사에도 형용사처럼 명사를 꾸미는 기능이 있습니다.

① 명사수식

The best time **to take a nap** is 7 hours after you wake up.
낮잠을 청하기 가장 좋은 때는 기상 후 7시간 후다. (to take a nap이 time을 수식)

I don't have anyone **to talk with.** (to talk with가 anyone을 수식)
함께 이야기할 사람이 없다.

I've heard some **surprising** news. (surprising이 news를 수식)
놀라운 소식을 들었다.

There stood a **surprised** woman. (surprised가 woman을 수식)
놀라워하는 여성이 서있었다.

현재분사(능동분사)와 과거분사(수동분사)의 차이를 단적으로 보여주는 예인만큼 주의 깊게 살펴볼 필요가 있습니다. 경우에 따라 **현재분사(~ing)는 '남을 ing하게 하는'**이고 **과거분사(~ed)는 '주어가 ed 하는'**입니다. 다음 예를 봅시다.

boring (남을) 지루하게 만드는
bored (주어가) 지루한

exciting (남을) 설레게 하는
excited (주어가) 설레는

surprising (남을) 놀라게 하는
surprised (주어가) 놀라는

disappointing (남을) 실망시키는
disappointed (주어가) 실망한

② 보어

We **are to meet** in the cafeteria monday morning at 10:30.
월요일 아침 10시 30분에 카페테리아에서 만날 예정이다. (예정)

We **are to finish** this work by the end of this month.
이달 말까지 이 일을 끝내야 한다. (의무)

If you **are to pass** the course, you must not miss more than 3 classes.
강좌를 통과하려면 수업을 네 차례 이상 결석해선 안 된다. (if를 동반, 의도)

The man and woman **were** never **to see** each other again.
그 남자와 여자는 다시는 볼 수 없는 운명이었다. (부정어를 동반, 운명)

네 가지 예문은 모두 be+to**부정사**를 쓰고 있습니다만 뜻이 같은 문장은 하나도 없습니다. 각 부정사는 보어로 쓰인 것으로 문맥에 따라 뜻이 달라질 수 있습니다. 앞서 언급했듯이, be+to부정사는 대개 **예정과 의무, 의도 및 운명**으로 나눕니다.

I sat on the bench **reading** a paper. (I=reading, 주격보어)
나는 벤치에 앉아 신문을 읽고 있었다.

The x-files still remain **unsolved.** (the x-files=unsolved, 주격보어)
x파일은 여전히 미결로 남아있다.

The mechanic kept her **waiting** all day for her car.
카센터 직원은 그녀를 온종일 기다리게 했다. (her=waiting, 목적보어)

I heard my favorite song **played** on the radio. (song=played, 목적보어)
나는 애청곡이 라디오에서 재생되는 것을 들었다.

분사는 주어나 목적어가 능동적으로 무엇을 하느냐, 혹은 수동적으로 당하느냐에 따라 현재분사(ing)와 과거분사(ed)를 구분해서 씁니다. I(내)가 능동적으로 신문을 **읽으므로** 첫 번째 예문에서는 reading(현재분사)을, 둘째는 x파일이 **미해결되었다**는 뜻이므로 수동인 unsolved(과거분사)를 써야합니다. 그 다음 둘은 목적어를 설명하는 목적보어로, 그녀가 기다렸으므로 waiting을, 노래가 재생되므로 수동형 played을 써야 합니다.

C. 부사로 쓰이는 to부정사

부사의 '부(副)'는 '무엇에 버금간다.'거나 '곁에서 돕는다.'는 뜻입니다. '부차적'이란 말에서도 알 수 있듯이 부사는 다섯 가지 기본 패턴에 해당되지 않고 문장의 의미를 좀 더 분명히 나타내는 데 쓰입니다. 그래서 부정사 앞에서는 끊어서 의미를 파악하는 것이 좋습니다. 자주 보이는 용법이므로 확실히 익혀두기 바랍니다.

We have to leave by five / **to arrive** there on time. (목적)
제 시간에 도착**하려면** 5시에는 떠나야 한다.

She must be crazy / **to turn** down an offer like that! (원인)
그런 제안을 **거절하다니** 머리가 어떻게 된 거 아냐!

The little boy grew up / **to be** a famous musician. (결과)
꼬마 아이는 **커서 결국** 유명한 음악인이 **되었다**.

Jack would be surprised / **to hear** that I got an a in math. (조건)
내가 수학 a를 받았다는 사실을 **들으면** 잭이 놀랄 거야.

Perfect English pronunciation is easy / **to achieve.** (형용사/부사 수식)
완벽한 영어발음은 습득**하기가 쉽다**.

(4) 준동사의 주어

준동사는 동사의 성질을 그대로 갖고 있으므로 주어를 써야 할 때가 있습니다. 물론 일반적인 주어와는 형식이 달라야 이를 구별할 수 있겠죠.

A. to부정사 · 동명사의 주어

It is strange **for** her **to** treat people differently. (주어는 for, 동사는 to)
그녀가 사람을 **차별하는 것**이 이상하다.

It was careless **of** you **to** leave your bag in the train. (주어는 of, 동사는 to)
기차에 **가방을 두고 내리다니 넌** 조심성이 없구나.

They were so sure of **his[him]** be**ing** alive.
그가 살아있다는 것을 확신했다.

I have no doubt of **this being** true.
이것이 사실이라는 데는 전혀 의심하지 않는다.

to부정사의 주어는 대개 for나 of 뒤에 오며 동명사의 주어는 **소유격**이나 **목적격**을 씁니다. 특히 kind, generous(인심이 후한), nice(자상한), polite(예의바른), cruel(잔인한), foolish, rude(무례한), 등과 함께 올 땐 of가 '주어장치'입니다.

B. 원형부정사

'동사원형'을 원형부정사라고 합니다. 원형부정사는 인칭과 시제에 영향을 받지 않고 모양이 고정돼있으며 그 역시 동사는 아닙니다. 또한 **지각동사** 및 **사역동사**에 함께 쓰입니다.

I never **saw** her **wear** jeans. (her → wear)
그녀가 청바지를 입는 걸 본 적이 없다(청바지를 다 입은 모습).

I **saw** my brother **wearing** jeans. (her → wearing)
동생이 청바지를 입는 것을 보았다(청바지를 아직 다 안 입었다).

The old lady **made** him **do** the dishes every night. (him → do)
할머니는 그에게 매일 설거지를 시켰다.

My father **had** his car **washed**. (his car → washed)
아버지는 세차를 맡기셨다.

The meeting **helped** them **(to) understand** each other.
회의는 그들이 서로를 이해하는 데 도움이 되었다.

위의 공통적인 패턴은 '**주어+동사+목적어+목적보어**'이므로 5형식입니다. 동사편에서 언급했듯이, 5형식은 **목적어와 목적보어와의 관계**가 중요합니다. 즉, "목적어가 목적보어하면" 동사원형이나 현재분사(ing)를 보어로 쓰고 그렇지 않으면 과거분사(ed)가 옵니다. 그리고 예외적으로 help는 to부정사와 원형부정사를 병행하여 쓸 수 있으며, all**+주어+동사+**is도 to**부정사**와 **원형부정사**를 혼용해서 씁니다.

All you have to do is (to) do your best.
네가 해야 하는 모든 것은 최선을 다하는 일이다.
→ 너는 최선을 다하면 그만이다.

CHAPTER 3. 말 잇기

1. 접속사

접속사란 단어와 단어, 구와 구, 절과 절을 연결하는 말을 일컫습니다. 여기서 '구(phrase)'는 의미를 형성하는 단어의 모임을 뜻하며 혹자는 단어도 구의 범주에 든다고 주장합니다.

in the palace 궁전 안에 (전치사구)
very well 아주 잘 (부사구)

2. 접속사의 종류

(1) 등위접속사

위상이 같다고 하여 등위접속사라고 부르며, 접속사 양 옆에는 같은 성격의 단어가 열거됩니다. 이를테면 명사+접속사+명사, 부정사+접속사+부정사, 동명사+접속사+동명사 등으로

She has a BLACK and WHITE dog. (형용사+접속사+형용사)
TOM, JACK and BILL are good classmates. (명사+(접속사)+명사+접속사)

접속사를 두 번 써야하지만 셋 이상 열거할 땐 콤마가 접속사를 대신하고 마지막 접속사만 붙여줍니다.

A AND B (둘을 열거할 땐 콤마를 붙일 수 없습니다)
A, B AND C
A, B, C AND D
A, B, C, D AND E

Work hard, AND you will succeed. (문장+접속사+문장)
Come at once, OR you will be too late. (문장+접속사+문장)

명령문+AND = ~해라 그러면 ~일 것이다
명령문+OR = ~해라 그러지 않으면 ~일 것이다

That is NOT a dog BUT a wolf. (명사+접속사+명사)

NOT A BUT B = A가 아니라 B다
I have no money, **SO** I can't buy the car. (문장+접속사+문장)
돈이 없다. **그래서** 차를 못산다.

(2) 상관접속사

우리말을 빗대자면 호응관계가 상관접속사와 관계가 깊습니다. 이를테면, "비록"은 "~일지라도"와 호응을 이루고 "전혀"는 "~이 아니다"와 만나야 합니다. 혹시라도 "전혀"가 "그럴 수밖에 없다"와 만나면 논리가 맞지 않는 비문이 되고 맙니다. 이처럼 서로 짝이 되어 함께 쓰는 접속사를 상관접속사라고 합니다. 이때 동사를 무엇에 맞춰서 써야 하는지도 아울러 살펴보시기 바랍니다.

Both animals **and** plants need water and air.
(동물과 식물 **둘 다**, 복수니까 동사는 복수형 need)

Not only she **but also** we were afraid of darkness.

(그녀**뿐 아니라** 우리**도**, 동사는 we에 맞춰 were)

= We **as well as** she were afraid of darkness.

(뜻은 같으나 동사를 앞의 we와 맞춰야 한다는 점에 주의할 것!)

Either you **or** he has to go there.

(너**나** 그는, 거기에 가야만 한다, 동사는 he에 맞춘다)

Neither his father **nor** his mother is at home.

(그의 아버지**와** 어머니 **둘 다 아니다**, 동사는 his mother에 맞춘다)

= **Either** his father **or** his mother is **not** at home.

동사는 가까운 단어와 일치해야 하나 as well as**는 예외**적으로 멀리 떨어진 앞 단어에 맞춘다고 생각하면 됩니다. as well as는 앞 단어를 강조하는 표현이기 때문에 그렇습니다.

(3) 종속접속사

종속접속사란 주절과 종속절에서 종속절을 이끄는 접속사라고 보면 됩니다. '종속'을 쓴 까닭은 주절의 영향을 받기 때문입니다. 종속접속사는 모두 절(문장)을 이끕니다.

명사절(that/whether/if)

명사절은 앞서 언급했듯이, 문장에서 주어나 목적어 혹은 보어로 쓰인 절을 일컫습니다.

That he can swim is certain.

그가 수영할 수 있다는 것은 분명한 사실이다.

우선 동사는 swim과 is 둘이므로 문장도 둘임을 알 수 있습니다. 동사 둘이 연이어 나올 땐 **두 번째 동사 앞에서 끊어** 읽어야 합니다. that he can swim까지가 주어의 역할을 하기 때문에 that을 '명사절을 이끄는 접속사'라고 합니다.

I know **that he can swim**.
나는 그가 수영할 수 있다는 것을 안다.

역시 동사는 know와 swim 둘이므로 문장도 둘이고 that이 두 절을 연결시키고 있습니다. that 이하는 know의 목적어이므로 이것도 명사절입니다.

I asked him **if(or whether)** he could swim.
그가 수영할 수 있는지 물었다.

I wonder **if** he will come home by noon.
그가 정오까지 집에 갈지 궁금하다.

ask나 wonder(궁금하게 여기다) 다음에 if(혹은 whether)가 오면 "**~인지 아닌지**"로 해석합니다. 이때 if 절은 ask나 wonder의 목적어가 되므로 역시 명사절입니다.

(4) 부사절

부사절을 이끄는 각 접속사의 의미를 파악해두는 것이 중요합니다. because를 제외하고는 앞뒤 어디에나 올 수 있습니다. 단, 앞에 올 땐 콤마(쉼표)를 찍어주는 센스가 있어야 합니다!

He studied hard **when** he was in middle school. (할 때) (쉼표 없음)

= **When** he was in middle school, he studied hard. (쉼표 있음)
그는 중학교 다닐 때 공부를 열심히 했다.

They sang merrily **as** they walked. (할 때)
그들은 걸으면서 즐겁게 노래를 불렀다.

She gets up **before** the sun rises.

▶ "A before B"는 두 가지 해석이 가능합니다. 따지고 보면 같은 말인데 순차적으로 하느냐 뒤에서 거슬러 올라가느냐의 차이라고 보면 됩니다.

1. 순차적으로 갈 때: **A하고 나서 B하다**
→ 그녀가 일어난 후 해가 뜬다.

2. 거슬러 올라갈 때: **B하기 전에 A하다**
→ 해가 뜨기 전에 그녀가 일어난다.

I brushed my teeth **after** I ate supper.

1. 순차적으로 갈 때: **A하기 전에 B하다**
→ 양치질을 하기 전에 저녁을 먹었다.

2. 거슬러 올라갈 때: **B한 뒤에 A하다**
→ 저녁을 먹은 뒤 양치질을 했다.

Have you known him **since** he was a child?
어릴 때 이후로 그를 알고 지냈니?

Since we have no money, we can't buy the car.
돈이 없어서 차를 살 수 없다.

▶ since는 "**~이후로**"와 "**~때문에**" 두 가지 뜻이 있으므로 문맥에 맞게 잘 선택해야 합니다.

You must wait here **until** he comes back. (~전까지)
그가 오기 전까지 여기 와야 한다.

Lincoln did many great things **while** he was President. (~동안)
링컨은 대통령을 지낼 동안 많은 업적을 해냈다.

Whenever she sees me, she smiles at me. (~할 때마다)
그녀는 나를 볼 때마다 나를 보고 웃는다.

As soon as I came home, it began to rain. (~하자마자)
내가 집에 오자마자 비가 내리기 시작했다.

Mother is always busy **because** she has a lot of things to do at home. (왜냐하면)
어머니는 항상 바쁘다. 왜냐하면 집에서 할 일이 많기 때문이다.

▶ because는 **가급적 맨 앞에는 쓰지 않습니다!** 문법적으로 틀려서가 아니라 어법상 어색하기 때문에 쓰지 않는 겁니다.

If it is fine tomorrow, we will go on a picnic. (만일 ~라면)
내일 날씨가 맑으면 소풍을 갈 것이다.

Unless you get up early, you will be late for school. (~하지 않는다면)
= **If** you do **not** get up early, you will be late for school.
일찍 일어나지 않으면 지각할 것이다.

Though he was poor, he liked to help others. (~임에도)
가난하지만 남 돕기를 좋아한다.

Even if(or though) he is young, he can do the work. (~임에도)
어리지만 그 일을 할 수 있다.

Poor as he is, he is quite happy.
그는 가난하지만 아주 행복하다.

▶ **"형용사/부사+as+주어+동사"**는 '~에도 (불구하고)'로 해석합니다.

He studies hard **so that** he **may** pass the examination. (~하기 위해서)
그는 시험에 통과하기 위해 열심히 공부했다.

That book is **so** difficult **that** I can't read it.

= That book is **too** difficult for me **to** read.
그 책은 너무 어려워서 나는 읽을 수가 없다.

▶ so+**형/부**+that **절**은 **"너무 형/부해서 그 결과** that**이하 하다"**라고 옮깁니다.

베껴 쓰기로 시작하는 영어

리디북스 스테디셀러

베껴쓰기 원문은 가급적이면 암기할 때까지 베끼는 것이 바람직하다.

한글 번역만 보고도 줄줄 쓸 수 있을 때까지 베껴쓴다면

그 표현과 어구와 구조가 체화되어

원어민의 실력까지 끌어올릴 수 있을 것이다.

– 머리말 중

부록

베껴 쓰기 노트

송산출판사

부록

베껴쓰기 노트

베껴쓰기

❶ I have been a victim of bullying in a PTA group.

나는 PTA 그룹에서 폭력의 피해자였던 적이 있다.

❷ It is not just a problem for teenagers.

이는 십대만의 문제가 아니다.

❸ Adults also engage in bullying activities but it is usually verbal abuse by spreading lies to ruin your reputation or isolate the victim from the rest of the group.

성인들도 폭행에 가담하고 있는데 대개는 명예를 훼손하거나 피해자를 '왕따'시키기 위해 허위 사실을 유포함으로써 언어폭력을 일삼는 경우가 비일비재하다.

❹ Since we are the role model of the next generation, our behavior will shape the future society.

우리는 차세대의 역할 모델이기 때문에 우리의 처신이 미래 사회를 조성해나갈 것이다.

외워쓰기

❶ 나는 PTA 그룹에서 폭력의 피해자였던 적이 있다.

❷ 이는 십대만의 문제가 아니다.

❸ 성인들도 폭행에 가담하고 있는데 대개는 명예를 훼손하거나 피해자를 '왕따'시키기 위해 허위 사실을 유포함으로써 언어폭력을 일삼는 경우가 비일비재하다.

❹ 우리는 차세대의 역할 모델이기 때문에 우리의 처신이 미래 사회를 조성해나갈 것이다.

베껴쓰기

1. Jeanne says children should be taught.

잔은 아이들이 배워야 한다고 이야기했다.

2. And Kelly suggested that parents should spend more time.

켈리는 부모가 좀더 많은 시간을 보내야 한다고 주장했다.

3. If they are taught to be considerate, they will not treat other people.

그들이 배려하는 법을 배운다면 상대방을 대하지는 않을 것이다.

외워쓰기

1. 잔은 아이들이 배워야 한다고 이야기했다.

2. 켈리는 부모가 좀더 많은 시간을 보내야 한다고 주장했다.

3. 그들이 배려하는 법을 배운다면 상대방을 대하지는 않을 것이다.

베껴쓰기

❶ Jeanne from Brazil says children should be taught to respect differences.

브라질 출신인 잔은 아이들이 차이를 존중하는 법을 배워야 한다고 이야기했다.

❷ And Kelly in the United States suggested that parents should spend more time with their children.

미국의 켈리는 부모가 좀더 많은 시간을 아이들과 함께 보내야 한다고 주장했다.

❸ If they are taught to be considerate when they are very young, they will not treat other people in a mean way.

그들이 아주 어릴 때부터 배려하는 법을 배운다면 상대방을 짓궂게 대하지는 않을 것이다.

외워쓰기

❶ 브라질 출신인 잔은 아이들이 차이를 존중하는 법을 배워야 한다고 이야기했다.

❷ 미국의 켈리는 부모가 좀더 많은 시간을 아이들과 함께 보내야 한다고 주장했다.

❸ 그들이 아주 어릴 때부터 배려하는 법을 배운다면 상대방을 짓궂게 대하지는 않을 것이다.

베껴쓰기

❶ Some people complained that bullying is not always taken seriously.

몇몇 사람들은 괴롭히는 것을 항상 진지하게 생각하지는 않는다는 데 불만을 표시했다.

❷ We should let children understand that they will be punished if they do wrong, and the punishments won't be only reminders or warnings.

우리는 잘못을 저지르면 벌을 받는다는 점뿐 아니라 체벌이 단순한 지적이나 경고로 끝나지 않으리라는 점을 아이들에게 주지시켜야할 것이다.

외워쓰기

❶ 몇몇 사람들은 괴롭히는 것을 항상 진지하게 생각하지는 않는다는 데 불만을 표시했다.

❷ 우리는 잘못을 저지르면 벌을 받는다는 점뿐 아니라 체벌이 단순한 지적이나 경고로 끝나지 않으리라는 점을 아이들에게 주지시켜야할 것이다.

베껴쓰기

❶ I'm really astonished how such a beautiful nice girl can do such a thing.

그렇게 아름답고 착한 여학생이 어찌 그런 짓을 할 수 있는지 정말 놀랐다.

❷ She made a mistake when she listened to those who criticized her.

그녀는 그녀를 다그치는 그들의 말을 들었을 때 잘못을 저질렀다(자살을 두고 하는 말).

❸ They were jealous of her.

그들은 그녀를 질투했다.

외워쓰기

❶ 그렇게 아름답고 착한 여학생이 어찌 그런 짓을 할 수 있는지 정말 놀랐다.

❷ 그녀는 그녀를 다그치는 그들의 말을 들었을 때 잘못을 저질렀다.

❸ 그들은 그녀를 질투했다.

베껴쓰기

❶ Stink bugs are harmless except to farms and gardens.

노린재는 농가와 정원을 제외하고는 해를 끼치지 않는다.

❷ And they smell bad only if you smash them.

그리고 당신이 이를 세게 때릴 때만 고약한 냄새가 난다.

❸ She went to the department store last monday. (go-went)

그녀는 지난 주 월요일 백화점에 갔다.

❹ The Second World War ended in August 1945. (end-ended)

2차 대전은 1945년 8월에 종식되었다.

❺ I will remember you.

너를 기억하겠어.

❻ The item is going to arrive in two or three days.

제품은 2, 3일 후면 도착할 것이다.

외워쓰기

❶ 노린재는 농가와 정원을 제외하고는 해를 끼치지 않는다.

❷ 그리고 당신이 이를 세게 때릴 때만 고약한 냄새가 난다.

❸ 그녀는 지난 주 월요일 백화점에 갔다.

❹ 2차 대전은 1945년 8월에 종식되었다.

❺ 너를 기억하겠어.

❻ 제품은 2, 3일 후면 도착할 것이다.

베껴쓰기

❶ We are playing baseball in the playground.

놀이터에서 야구를 하고 있다.

❷ Aunt Mary is coming to my house this weekend.

주말에 고모가 오신다.

❸ It was raining heavily when I looked out the window.

창밖을 봤을 때 폭우가 쏟아지고 있었다.

❹ What were you doing last night?

어젯밤엔 무엇을 하고 있었니?

❺ I will be crossing the pacific ocean this time tomorrow.

내일 이때쯤이면 태평양을 건너고 있을 것이다.

❻ My daughter is going to be working at a local company this summer.

딸아이는 올 여름엔 현지 회사에서 일하고 있을 것이다.

외워쓰기

1. 놀이터에서 야구를 하고 있다.

2. 주말에 고모가 오신다.

3. 창밖을 봤을 때 폭우가 쏟아지고 있었다.

4. 어젯밤엔 무엇을 하고 있었니?

5. 내일 이때쯤이면 태평양을 건너고 있을 것이다.

6. 딸아이는 올 여름엔 현지 회사에서 일하고 있을 것이다.

베껴쓰기

❶ Jennifer has just finished her first year of law school.

제니퍼는 로스쿨 1년을 지금 마쳤다.

❷ I have lost the key to my apartment.

아파트 열쇠를 잃어버렸다. (그 결과 지금 없다)

❸ I have (ever) been to many countries in Europe.

유럽의 많은 나라를 가본 적이 있다.

❹ My parents have been married for 25 years.

부모님은 결혼한 지 25년 되었다.

❺ The baseball match had already begun when I turned on the TV.

텔레비전을 틀자 야구경기가 이미 시작되었다.

❻ When I got home, I realized I had left my bag in the train.

집에 왔을 때 가방을 열차에 두고 내렸다는 것을 깨달았다.

7 I had never seen a koala until I saw one in Australia last year.

작년 호주에서 코알라를 보기 전에는 본 적이 없다.

8 He had studied for ten years before he passed the exam.

시험에 통과하기 전에 10년을 공부했다.

9 Chris will have lived in Tucson for 4 years by next March.

내년 3월이면 크리스가 투손에 산 지 4년이 된다.

10 It will have rained for three days by tomorrow.

비가 내일 더 내리면 3일째 연일 내린 셈이 된다.

외워쓰기

1 제니퍼는 로스쿨 1년을 지금 마쳤다.

2 아파트 열쇠를 잃어버렸다.

3. 유럽의 많은 나라를 가본 적이 있다.

4. 부모님은 결혼한 지 25년 되었다.

5. 텔레비전을 틀자 야구경기가 이미 시작되었다.

6. 집에 왔을 때 가방을 열차에 두고 내렸다는 것을 깨달았다.

7. 작년 호주에서 코알라를 보기 전에는 본 적이 없다.

8. 시험에 통과하기 전에 10년을 공부했다.

9. 내년 3월이면 크리스가 투손에 산 지 4년이 된다.

10. 비가 내일 더 내리면 3일째 연일 내린 셈이 된다.

베껴쓰기

1. Paul has been studying economics for three years.

폴은 3년째 경제학을 공부해왔다.

2. We have been listening to the same song for one hour.

우리는 한 시간 동안 같은 노래를 들어왔다.

3. The ground is wet. It has been raining.

땅이 젖었네. 비가 왔었구나.

4. They had been talking for over an hour before i got there.

내가 가기 전 그들은 한 시간 째 이야기를 하고 있었다.

5. Mike needed some rest because he had been working all day.

마이크는 하루 종일 일을 했으므로 휴식이 필요했다.

6. In ten minutes, I will have been waiting an hour for the bus.

10분 후면 버스 기다린 지 한 시간째가 된다.

7. I will have been working as a manager for 30 years next year.

내년이면 매니저로 일한 지 30년째가 된다.

외워쓰기

1 폴은 3년째 경제학을 공부해왔다.

2 우리는 한 시간 동안 같은 노래를 들어왔다.

3 땅이 젖었네. 비가 왔었구나.

4 내가 가기 전 그들은 한 시간 째 이야기를 하고 있었다.

5 마이크는 하루 종일 일을 했으므로 휴식이 필요했다.

6 10분 후면 버스 기다린 지 한 시간째가 된다.

7 내년이면 매니저로 일한 지 30년째가 된다.

베껴쓰기

1. If he studies hard, he can solve the problem.

그가 열심히 공부한다면 그 문제를 풀 수 있을 것이다.

2. If he studied hard, he could solve the problem.

그가 열심히 공부한다면 그 문제를 풀 수 있을 것이다.

3. If I were you, I would drive more carefully.

내가 너라면 운전을 좀더 조심스럽게 할 텐데.

4. If I had been you, I would have driven more carefully.

내가 너였다면 운전을 좀더 조심스럽게 했을 텐데.

외워쓰기

1. 그가 열심히 공부한다면 그 문제를 풀 수 있을 것이다.

2. 그가 열심히 공부한다면 그 문제를 풀 수 있을 것이다.

3. 내가 너라면 운전을 좀더 조심스럽게 할 텐데.

4. 내가 너였다면 운전을 좀더 조심스럽게 했을 텐데.

베껴쓰기

1 If I were to be born again, I would become a translator.

내가 다시 태어난다면 나는 번역가가 되겠어.

2 If I were a bird, I could fly to you.

내가 새라면 네게 날아갈 수 있을 텐데.

3 If I had been a bird, I could have flown to you.

내가 새라면 네게 날아갈 수 있었을 텐데.

4 If he were clever, he would not accept the proposal.

그가 현명하다면 그 제안을 받아들이지 않을 텐데.

5 If he had been clever, he would not have accepted the proposal.

그가 현명했다면 그 제안을 받아들이지 않았을 텐데.

외워쓰기

❶ 내가 다시 태어난다면 나는 번역가가 되겠어.

❷ 내가 새라면 네게 날아갈 수 있을 텐데.

❸ 내가 새였다면 네게 날아갈 수 있었을 텐데.

❹ 그가 현명하다면 그 제안을 받아들이지 않을 텐데.

❺ 그가 현명했다면 그 제안을 받아들이지 않았을 텐데.

베껴쓰기

1. Were I a bird, I could fly to you.

내가 새라면 네게 날아갈 수 있을 텐데.

2. Had I been a bird, I could have flown to you.

내가 새였다면 네게 날아갈 수 있었을 텐데.

3. If it were not for you, I could not go there.

네가 없다면 나는 거기에 갈 수 없을 거야.

4. If it had not been for you, I could have not gone there.

네가 없었다면 나는 거기에 갈 수 없었을 거야.

5. But for you, I could not go there.

네가 없다면 나는 거기에 갈 수 없을 거야.

6. But for you, I could not have gone there.

네가 없었다면 나는 거기에 갈 수 없었을 거야.

7. If it were not for a car, I could not come to you.

차가 없다면 네게 갈 수 없을 텐데.

8 Were it not for a car, I could not come to you.

차가 없다면 네게 갈 수 없을 텐데.

9 But for(Without) a car, I could not come to you.

차가 없다면 네게 갈 수 없을 텐데.

10 If he were clever, he would not accept the proposal.

차가 없었다면 네게 갈 수 없었을 텐데.

11 Had it not been for a car, I could not have come to you.

차가 없었다면 네게 갈 수 없었을 텐데.

12 But for(Without) a car, I could not have come to you.

차가 없었다면 네게 갈 수 없었을 텐데.

13 If it were not for my mother, I could not do that work.

어머니가 없었다면 그 일을 해낼 수 없었을 텐데.

14 Were it not for my mother, I could not do that work.

어머니가 없다면 그 일을 해낼 수 없을 텐데.

⑮ But for(Without) my mother, I could not do that work.

어머니가 없다면 그 일을 해낼 수 없을 텐데.

⑯ If it had not been for my mother, I could not have done that work.

어머니가 없었다면 그 일을 해낼 수 없었을 텐데.

⑰ Had it not been for my mother, I could not have done that work.

어머니가 없었다면 그 일을 해낼 수 없었을 텐데.

⑱ But for(Without) my mother, I could not have done that work.

어머니가 없었다면 그 일을 해낼 수 없었을 텐데.

⑲ If I didn't go to the party, Nina would be upset.

내가 파티에 가지 않는다면 니나는 속이 뒤집힐 것이다.

⑳ If I had not gone to the party, Nina would have been upset.

내가 파티에 가지 않았다면 니나는 속이 뒤집혔을 것이다.

㉑ If John were honest, I would employ him.

존이 정직하다면 나는 그를 고용할 텐데.

22 Were John honest, I would employ him.

존이 정직하다면 나는 그를 고용할 텐데.

23 If John had been honest, I would have employed him.

존이 정직했다면 나는 그를 고용했을 것이다.

24 Had John been honest, I would have employed him.

존이 정직했다면 나는 그를 고용했을 것이다.

외워쓰기

1 내가 새라면 네게 날아갈 수 있을 텐데.

2 내가 새였다면 네게 날아갈 수 있었을 텐데.

3 네가 없다면 나는 거기에 갈 수 없을 거야.

4 네가 없었다면 나는 거기에 갈 수 없었을 거야.

5 네가 없다면 나는 거기에 갈 수 없을 거야.

⑥ 네가 없었다면 나는 거기에 갈 수 없었을 거야.

⑦ 차가 없다면 네게 갈 수 없을 텐데.

⑧ 차가 없다면 네게 갈 수 없을 텐데.

⑨ 차가 없다면 네게 갈 수 없을 텐데.

⑩ 차가 없었다면 네게 갈 수 없었을 텐데.

⑪ 차가 없었다면 네게 갈 수 없었을 텐데.

⑫ 차가 없었다면 네게 갈 수 없었을 텐데.

⑬ 어머니가 없었다면 그 일을 해낼 수 없었을 텐데.

⑭ 어머니가 없다면 그 일을 해낼 수 없을 텐데.

⑮ 어머니가 없다면 그 일을 해낼 수 없을 텐데.

16 어머니가 없었다면 그 일을 해낼 수 없었을 텐데.

17 어머니가 없었다면 그 일을 해낼 수 없었을 텐데.

18 어머니가 없었다면 그 일을 해낼 수 없었을 텐데.

19 내가 파티에 가지 않는다면 니나는 속이 뒤집힐 것이다.

20 내가 파티에 가지 않았다면 니나는 속이 뒤집혔을 것이다.

21 존이 정직하다면 나는 그를 고용할 텐데.

22 존이 정직하다면 나는 그를 고용할 텐데.

23 존이 정직했다면 나는 그를 고용했을 것이다.

24 존이 정직했다면 나는 그를 고용했을 것이다.

베껴쓰기

❶ I wish my wife were alive to see his son graduate.

아내가 살아서 아들 졸업을 보면 좋을 텐데.

❷ You talk as if you knew a great deal about this.

이 방면에 빠삭한 듯 말하는 군요.

❸ It's time you took a bath and went to sleep.

씻고 잘 시간이다.

외워쓰기

❶ 아내가 살아서 아들 졸업을 보면 좋을 텐데.

❷ 이 방면에 빠삭한 듯 말하는 군요.

❸ 씻고 잘 시간이다.

베껴쓰기

① If Bill had enough time, he could spend more time with his children.

빌이 시간만 충분해도 아이들에게 시간을 더 많이 쓸 수 있을 텐데.

② If humans were to live forever, we would be faced with a lot of problems.

사람이 영원히 산다면 많은 문제에 봉착할 것이다.

③ If John had paid more attention in the course, he would have understood what she said.

존이 강좌에 관심을 더 기울였더라면 그녀가 말한 것을 이해했을 것이다.

④ I wish I had worked harder when I was young.

젊었을 때 열심히 일했으면 좋았을 텐데.

⑤ John smiled as if he could read my mind.

존은 내 생각을 읽은 듯 씩 웃었다.

⑥ It's time you thought seriously about what you want to do.

하고 싶은 일을 두고 진지하게 고민해야 할 때다.

⑦ If it were not for you, we wouldn't be here.

네가 없다면 우리는 여기에 없을 거야.

8 If it had not been for the rain, we would have had a pleasant trip.

비가 안 왔다면 기분 좋은 여행이 됐을 텐데.

9 Were I rich, I would build a new house for my family.

부자라면 가족을 위해 새 집을 지을 텐데.

10 Had I realized you were sick, I would have finished the homework by myself.

네가 아팠다는 것을 알았다면 일을 내가 직접 끝냈을 텐데. 텐데.

외워쓰기

1 빌이 시간만 충분해도 아이들에게 시간을 더 많이 쓸 수 있을 텐데.

2 사람이 영원히 산다면 많은 문제에 봉착할 것이다.

3 존이 강좌에 관심을 더 기울였더라면 그녀가 말한 것을 이해했을 것이다.

4 젊었을 때 열심히 일했으면 좋았을 텐데.

5 존은 내 생각을 읽은 듯 씩 웃었다.

5 하고 싶은 일을 두고 진지하게 고민해야 할 때다.

6 네가 없다면 우리는 여기에 없을 거야.

7 그가 현명했다면 그 제안을 받아들이지 않았을 텐데.

8 비가 안 왔다면 기분 좋은 여행이 됐을 텐데.

9 부자라면 가족을 위해 새 집을 지을 텐데.

10 네가 아팠다는 것을 알았다면 일을 내가 직접 끝냈을 텐데.

베껴쓰기

1 The poor in spirit are blessed.

마음이 가난한 자는 복이 있다

2 Blessed are the poor in spirit. (강조)

마음이 가난한 자는 진실로 복이 있다.

3 A coffee shop called Starbucks is just down the corner.

스타벅스 커피숍은 인근 모퉁이에 있다.

4 Just down the corner is a coffee shop called Starbucks.

인근 모퉁이에 스타벅스 커피숍이 있다.

5 She had hardly been seated when she was restless.

그녀는 앉자마자 좌불안석했다.

6 Hardly had she been seated when she was restless.

그녀는 앉자마자 좌불안석했다.

7 I didn't realize my purse was missing until the morning.

아침이 되기 전에는 핸드백이 없어졌다는 것을 깨닫지 못했다.

8 Not until the morning did I realize my purse was missing.

아침이 돼서야 나는 핸드백이 없어졌다는 것을 깨달았다.

외워쓰기

❶ 마음이 가난한 자는 복이 있다.

❷ 마음이 가난한 자는 진실로 복이 있다.

❸ 스타벅스 커피숍은 인근 모퉁이에 있다.

❹ 인근 모퉁이에 스타벅스 커피숍이 있다.

❺ 그녀는 앉자마자 좌불안석했다.

❻ 그녀는 앉자마자 좌불안석했다.

❼ 아침이 되기 전에는 핸드백이 없어졌다는 것을 깨닫지 못했다.

❽ 아침이 돼서야 나는 핸드백이 없어졌다는 것을 깨달았다.

베껴쓰기

❶ He hates mathematics.

수학을 싫어한다.

❷ He does hate mathematics.

수학이라면 진저리가 난다.

❸ He did hate mathematics.

수학이라면 진저리가 났다.

❹ Hana wrote the article for the New York Times in October.

한나는 10월에 뉴욕타임스에 게재할 기사를 썼다.

❺ It was Hana that wrote the article for the New York Times in October.

(아무개가 아니라 바로) 한나가 10월에 뉴욕타임스에 게재할 기사를 썼다.

❻ It was the article that Hana wrote for the New York Times in October.

(다름 아닌) 그 기사를 한나가 10월에 뉴욕타임스에 게재하려고 썼다.

7 It was for the New York Times that Hana wrote the article in October.

한나는 (다른 신문사가 아니라) 뉴욕타임스에 게재하려고 썼다.

8 It was in October that Hana wrote the article for the New York Times.

한나는 (다른 때가 아닌) 10월에 뉴욕타임스에 게재하려고 썼다.

9 Who wrote the letter?

누가 그 기사를 썼는가?

10 Who was it that wrote the article?

(도대체) 누가 그 기사를 썼는가?

외워쓰기

1 수학을 싫어한다.

2 수학이라면 진저리가 난다.

❸ 수학이라면 진저리가 났다.

❹ 한나는 10월에 뉴욕타임스에 게재할 기사를 썼다.

❺ (아무개가 아니라 바로) 한나가 10월에 뉴욕타임스에 게재할 기사를 썼다.

❻ (다름 아닌) 그 기사를 한나가 10월에 뉴욕타임스에 게재하려고 썼다.

❼ 한나는 (다른 신문사가 아니라) 뉴욕타임스에 게재하려고 썼다.

❽ 한나는 (다른 때가 아닌) 10월에 뉴욕타임스에 게재하려고 썼다.

❾ 누가 그 기사를 썼는가?

❿ (도대체) 누가 그 기사를 썼는가?

베껴쓰기

❶ To some life is pleasure but to others suffering.

어떤 사람에게 인생은 기쁨이지만 다른 이에게 인생은 고통이다.

❷ No Parking (is allowed here.)

주차금지

❸ (If you take) no pains, (you will get) no gains.

노력하지 않으면 얻는 것도 없다.

❹ A stitch in time saves nine (stitches).

제때의 한 땀이 아홉 바늘을 던다.

❺ I don't like being selfish, but I was (selfish).

이기주의자가 되고 싶진 않지만 예전엔 나도 그런 사람이었다.

외워쓰기

❶ 어떤 사람에게 인생은 기쁨이지만 다른 이에게 인생은 고통이다.

❷ 주차금지

❸ 노력하지 않으면 얻는 것도 없다.

❹ 제때의 한 땀이 아홉 바늘을 던다.

❺ 이기주의자가 되고 싶진 않지만 예전엔 나도 그런 사람이었다.

베껴쓰기

1 His energy is not and cannot be what it was.

그의 열정은 예전 같지 않으며 또 그럴 수도 없다.

2 We can and indeed must help our poor neighbors.

우리는 가난한 이웃을 도울 수 있으며 꼭 그래야 한다.

3 A man of virtue and not of wealth deserves our admiration.

부자가 아니라 덕이 있는 사람이 우리의 존경을 받을 자격이 있다.

4 My sister, not my brother, went with us.

남동생이 아니라 여동생이 우리와 함께 갔다.

외워쓰기

1 그의 열정은 예전 같지 않으며 또 그럴 수도 없다.

2 우리는 가난한 이웃을 도울 수 있으며 꼭 그래야 한다.

3 부자가 아니라 덕이 있는 사람이 우리의 존경을 받을 자격이 있다.

4 남동생이 아니라 여동생이 우리와 함께 갔다.

베껴쓰기

1 This is, I am sure, what she means.

이게 그녀의 진의라고 확신한다.

2 When do you suppose the riot will be calmed down?

폭동이 언제 진압될 거라고 생각하는가?

3 This is the policy which they think is very wrong.

이건 (그들이 생각해보니……) 정말 잘못된 정책이다.

4 The judge, who was dishonest, was not respected.

판사는 (음 …… 정직하지 못한 판사는) 존경을 받지 못했다.

외워쓰기

1 이게 그녀의 진의라고 확신한다.

2 폭동이 언제 진압될 거라고 생각하는가?

3 이건 (그들이 생각해보니……) 정말 잘못된 정책이다.

4 판사는 (음 …… 정직하지 못한 판사는) 존경을 받지 못했다.

베껴쓰기

❶ Brahms, a famous composer, composed many symphonies.

브람스는, 유명한 작곡가로서, 많은 심포니를 작곡했다.

❷ We thought much of the fact that she is confident.

그녀가 자신하고 있다는 사실을 두고두고 생각했다.

❸ I gave up on the idea of getting any help from them.

그들에게서 도움을 받으리라는 생각은 일찌감치 포기했다.

❹ I have a dream to become a doctor.

내겐 의사가 되리라는 꿈이 있다.

❺ I have just heard the news of our team's victory.

우리 팀이 이겼다는 소식을 방금 들었다.

외워쓰기

❶ 브람스는, 유명한 작곡가로서, 많은 심포니를 작곡했다.

❷ 그녀가 자신하고 있다는 사실을 두고두고 생각했다.

❸ 그들에게서 도움을 받으리라는 생각은 일찌감치 포기했다.

❹ 내겐 의사가 되리라는 꿈이 있다.

❺ 우리 팀이 이겼다는 소식을 방금 들었다.